Storytelling in Beratung und Führung

Daniel Duss

Storytelling in Beratung und Führung

Theorie. Praxis. Geschichten.

 Springer

Daniel Duss
Hitzkirch
Schweiz
www.organisationsberatung.ch

ISBN 978-3-531-19782-1   ISBN 978-3-531-19783-8 (eBook)
DOI 10.1007/978-3-531-19783-8

Die Deutsche Nationalbibliothek verzeichnet diese Publikation in der Deutschen Nationalbibliografie; detaillierte bibliografische Daten sind im Internet über http://dnb.d-nb.de abrufbar.

Springer

Lektorat: Dr. Lisa Bender

Gedruckt auf säurefreiem und chlorfrei gebleichtem Papier

Springer Fachmedien Wiesbaden ist Teil der Fachverlagsgruppe Springer Science+Business Media
(www.springer.com)

Wenn die Wirklichkeit selber Sätze mach-
te, nichts bliebe uns mehr zu erzählen.
Und was zu leben wäre, wäre erlebt.
Klaus Merz

Vorwort

*Ich bekenne, ich brauche Geschichten, um die Welt
zu verstehen.*
Siegfried Lenz

Unser Leben spielt sich in Geschichten ab. Fortwährend erzählen wir uns und anderen Geschichten: Von der Schlange im Supermarkt, von unserem Mut, den wir eigentlich hätten, vom angebrannten Essen, vom ergreifenden Konzert, von unseren Träumen, von nervenden Kollegen. Wir leben in Geschichten. Und erzählen sie uns.

Geschichten prägen unser Leben. Wir erleben Veränderungen, Erfolg und Misserfolg in Geschichten. Wenn wir uns die Welt erklären, dann erzählen wir.

Geschichten müssen folglich auch für die Beratung von besonderer Bedeutung sein.

Coaching- und Therapiekonzepte arbeiten denn auch mehr oder weniger explizit mit den Geschichten *der Klienten/Klientinnen*. Die Bedeutung dieser Geschichten ist unbestritten.

Ich betrachte im Folgenden den anderen Fall: *Der Berater/Die Beraterin* erzählt in einem Coaching eine Geschichte. Erzählt aus Büchern, von Dürrenmatt vielleicht. Erzählt vom eigenen Leben, aus der Waschküche vielleicht. Und dies nicht zur bloßen Unterhaltung. Im Gegenteil: *Geschichten erzählen als reflektierte Beratungsintervention.*

Der Begriff *Storytelling* scheint als kürzestmögliche Bezeichnung für diese Interventionsform ganz geeignet, auch wenn heute damit oft nur Wissensmanagement und Unternehmenskommunikation verbunden wird. Ich fasse den Begriff im Beratungskontext weiter: Im Grunde meint Storytelling die Kunst des Erzählens. Die Kunst, als Berater/in mit eigenen Geschichten Wirkung erzielen zu können.

Das vorliegende Buch stellt die theoretischen Grundlagen dieser Interventionsform dar, gibt praktische Hinweise für deren Anwendung und versammelt einige bewährte Geschichten.

Bei alledem beziehe ich mich auf die Arbeit von Beratern/Beraterinnen. Im Grunde ist dies nur ein Beispiel. Geschichten können ihre Wirkung in jeder Arbeitsbeziehung auf die gleiche Weise entfalten. Das Buch richtet sich insofern genauso an alle Professionellen mit beratenden Tätigkeiten – ich denke etwa an Sozialpädagogen/-pädagoginnen, an Sozialarbeiter/innen oder an Lehrer/innen.

Auch Führungskräfte coachen ihre Mitarbeitenden. Die Beratung hat hier allerdings deutlich andere Wirkungsziele und spielt in einem anderen Beziehungsverhältnis.

Während Berater/innen als Sparring-Partner auf Augenhöhe die persönliche Zielerreichung des Klienten/der Klientin im Fokus haben, verhält es sich bei Führungskräften anders: Sie verstehen sich durchaus auch als Sparring-Partner der Mitarbeitenden, sind jedoch hierarchisch höher gestellt und haben in erster Linie die Unternehmensziele im Fokus. Die in diesem Buch vorgestellten Wirkungsziele von Geschichten dürften also von Beratern/Beraterinnen und Führungskräften ganz unterschiedlich gewichtet werden, die Geschichten entsprechend auch in anderer Form Eingang in deren Arbeit finden.

Vor diesem Hintergrund können die vorgestellten Grundlagen weitgehend auch auf Führungssituationen übertragen werden, wenngleich der Fokus folgend klar auf der Beratung liegt.

Entstanden ist dieses Buch aus persönlicher Betroffenheit: Ich bemerkte, dass ich in meiner Beratungsarbeit häufig Geschichten erzähle. Geschichten vom Herrn Keuner zum Beispiel (Brecht 1971), Geschichten aus meinem Alltag.

Einige dieser persönlichen Beispiele aus der Praxis illustrieren den ersten Teil des Buches laufend.

Ich erzählte als Berater Geschichten und fragte mich: Soll ich das überhaupt? Und vor allem: Warum tue ich das?

Die aktuelle Beratungsliteratur gab darauf kaum Antworten. So begann ich, meine Erzählungen systematisch zu beobachten (vgl. Duss 2008). Ich versuchte mögliche Wirkungen des Erzählens zu erfassen und mit theoretischen Konzepten zu verknüpfen.

Schön, wenn das vorliegende Buch nun auch den Leser/die Leserin motiviert, persönlich bedeutungsvolle Geschichten in den Beratungsprozess einzubringen und deren Wirkung kritisch zu beobachten.

Ich danke allen, die Teil der Geschichte dieses Buches sind.

Zu diesem Buch

> *Die Reise geht zurück an den Anfang.*
> *Und es blinkt in der Nacht ein heller klarer Blick.*
>
> Peter Licht

Dieses Buch gliedert sich in drei Teile:

Im ersten Teil stelle ich einige grundlegende Konzepte vor, welche das Geschichten Erzählen als Beratungsintervention begreifbar werden lassen, illustriere mit Praxisbeispielen und gebe konkrete Hinweise für einen gelingenden Einsatz.

Damit soll eine reflektierte Praxis möglich werden, ein zielgerichteter und bewusster Einsatz von Geschichten im Beratungskontext, weit weg von zufälliger Erzählfreude.

Wo es im ersten Teil darum geht, den Gesamtzusammenhang darzustellen, vertieft *der zweite Teil* einzelne ausgewählte theoretische Grundlagen: Das Wittgenstein'sche Paradox wird dargelegt und einige für die Thematik bedeutsame, konstruktivistische Ansätze werden vorgestellt.

Der zweite Teil des Buches nimmt sozusagen einige Bodenproben aus dem vorher vorgestellten Landschaftsstrich. Für Leser/innen mit dem entsprechenden geologischen Fachinteresse lesenswert, das Landschaftsbild als Ganzes verändert sich deswegen aber nicht. Leserinnen und Leser, die sich auf die konkrete Anwendung der Interventionsform beschränken wollen, finden in Kap. 7.4 einige weitere pragmatische Hinweise zur Umsetzung, können aber ansonsten den zweiten Teil des Buches gut überspringen.

Im dritten Teil des Buches findet sich eine kleine kommentierte Geschichtensammlung. Ich stelle einige Geschichten vor, die sich in typischen Beratungssituationen bewährt haben. Dieser Teil des Buches soll auch anregen, sich auf die Suche nach eigenen Geschichten zu machen.

Im folgenden ersten Teil soll nun also gezeigt werden, in welcher Art und Weise Geschichten des Beraters/der Beraterin für Veränderungsprozesse des Klienten/der Klientin von Bedeutung sein können. Es kann sich dabei um Geschichten aus der Literatur oder um persönliche Geschichten aus dem Leben des Beraters/der Beraterin handeln.

Die einleitenden Bemerkungen (Kap. 1) betonen die Wichtigkeit von Geschichten für unser Leben und für den Beratungskontext im speziellen. Anschließend soll auf mehreren Ebenen gezeigt werden, vor welchem theoretischen Hintergrund Geschichten als Beratungsintervention wirksam sind:

Gehen wir davon aus, dass die beschriebene Interventionstechnik *Erkenntnisgewinn* durch das *Erzählen von Geschichten* im *Beratungskontext* generieren will, dann ergeben sich daraus drei theoretische Ebenen der Betrachtung:

- Eine Ebene der Erkenntnistheorien (Kap. 2: Wie Geschichten und Erkenntnis zusammenhängen)
- Eine Ebene der Erzähltheorien (Kap. 3: Wie Geschichten strukturiert sind)
- Eine Ebene der Beratungstheorien (Kap. 4: Wie Geschichten wirken)

Nachdem diese theoretische Kontur geschaffen ist, werde ich einige konkrete Hinweise zum Einsatz von Geschichten geben (Kap. 5: Zum Einsatz von Geschichten).

Ich orientiere mich mit dieser Strukturierung an der Wissensstruktur integrativer Supervisionsansätze nach Schreyögg (2004, S. 62 ff.).

Die einzelnen Ebenen sind dabei nicht immer trennscharf zu unterscheiden und die hier beschriebenen Aspekte sind weder in ihrer Breite noch in ihrer Tiefe vollständig oder umfassend. Es handelt sich um eine Auswahl, die einen mehrperspektivischen Blick auf die Thematik ermöglichen soll. Ich meine, damit theoriegeleitet eine tragfähige Grundlage dieser Interventionsform zu beschreiben. Dass diese Grundlage auch anders ausfallen könnte, wenn jemand anderes sie beschriebe, setze ich voraus.

Inhaltsverzeichnis

Teil I

Einleitung

1

*Jeder Mensch erfindet sich früher oder später eine
Geschichte, die er, oft unter gewaltigen Opfern, für
sein Leben hält, oder eine Reihe von Geschichten, die
mit Namen und Daten zu belegen sind, so dass an ihrer
Wirklichkeit, scheint es, nicht zu zweifeln ist. Trotzdem ist
jede Geschichte, meine ich, eine Erfindung.*
Max Frisch

Entwicklungsgeschichtlich ist davon auszugehen, dass Kleinkinder ihre Erfahrung bereits narrativ organisieren, bevor sie diese tatsächlich sprachlich ausdrücken können. Narrative Voraussetzungen für die spätere Fähigkeit des Erzählens sind etwa Handelnde und deren Handlung zu erkennen, das Erkennen linearer Abfolgen von Ereignissen und damit das Einnehmen einer Erzählperspektive (vgl. Bruner 1997). Diese Voraussetzungen sind bereits beim Kleinkind erkennbar. Die Fähigkeit des kohärenten und für den Zuhörer/die Zuhörerin nachvollziehbaren Erzählens lässt Geschichten sodann zu sozialen Erfahrungen werden und ist damit für die kindliche Entwicklung von zentraler Bedeutung (vgl. Eisenmann 1995, S. 52 ff.).

Geschichten lassen uns an Gemeinschaften teilhaben. Soziale Interaktion findet auch in Geschichten statt. Kleine Kinder wollen bald wie ihre größeren Geschwister beim Nachtessen Witze erzählen. Die Kinder wollen erzählen – auch wenn sie Pointen nicht verstehen und die Handlung so für die Eltern keinen Sinn ergibt. Die Kleinen merken, dass sie durch Erzählen und Zuhören ein Teil der Gemeinschaft werden. Und wovon spricht die Tochter nach der Schule am Mittagstisch? Von den Wesensmerkmalen der Adjektive? Von verbalen Wortketten? Nein. Sie erzählt Geschichten. Etwa, wie der Lehrer seinen Fuß jämmerlich am Pultbein anschlug und fluchte, wie sie es noch nie gehört hatte.

Menschliche Beziehungen kristallisieren sich in Erzählungen. Oder wie der Neurowissenschafter Manfred Spitzer es formuliert: „Nicht Fakten, sondern

© Springer Fachmedien Wiesbaden 2016
D. Duss, *Storytelling in Beratung und Führung,*
DOI 10.1007/978-3-531-19783-8_1

Geschichten treiben uns um, lassen uns aufhorchen, betreffen uns und gehen uns nicht mehr aus dem Sinn" (Spitzer 2007, S. 453).

Unser Leben ist eine Abfolge und Verknüpfung von Geschichten. In Geschichten organisieren und bewerten wir unsere eigene Vergangenheit. Und schaffen uns damit auch ein Bild unserer Zukunft. Was wollen wir im Leben erreichen? Wir denken uns mögliche Geschichten, auf die wir hoffen.

Geschichten sind für das eigene Selbstbild von zentraler Bedeutung. Nur wer sich als Teil einer Geschichte versteht, versteht sich als Teil einer Gemeinschaft, einer Gesellschaft. Mit Geschichten nehmen wir Kontakt zu unserer Mitwelt auf. Nur wenn wir erzählen und Zuhörende haben, erfahren wir uns als Selbst.

Dieses Bedürfnis nach Interaktion, nach Bestätigung unseres Daseins, finden wir bereits beim Kleinkind. Das Kind erfährt in der Imitation seiner Gestik und Mimik durch die Mutter, in der Versprachlichung seiner Äußerungen, dass es in seinem Da-Sein gewollt ist.

Geschichten zu erzählen ist in diesem Sinn Ausdruck des Wunsches nach dieser Spiegelung.

Was individuell gilt, gilt auch kollektiv: Gesellschaften sichern sich durch Geschichten einen wesentlichen Teil ihrer kulturellen Identität. Mythen von Nationalhelden aus der Gründerzeit eines Landes zeigen, dass die historische Richtigkeit dieser Geschichten nicht wesentlich ist. Wesentlich ist deren Funktion für das Land: Das Sichern des eigenen Selbstbildes, der eigenen Identität.

Diese Geschichten wurden über Jahrhunderte mündlich überliefert. In Irland gab es gar einen eigenen Berufsstand der Geschichtenerzähler, der „Shanachies" (vgl. Grossmann 2000, S. 15 ff.).

Geschichten verändern sich durch das Erzählen. Sie gewinnen im Erzählen eine Bedeutung für die Gegenwart, sie aktualisieren sich selber. So wird die gleiche Begebenheit zu unterschiedlichen Zeitpunkten oder mit unterschiedlicher Zuhörerschaft in ganz verschiedene Erzählungen münden. Die Bedeutung einer Historie gibt immer auch Auskunft über die Gegenwart.

Im Erzählen von Geschichten aus der Vergangenheit bestätigen wir uns unsere Gegenwart, legen uns Rechenschaft über unser Vorhandensein ab.

Das erinnert mich an ein Gespräch zweier junger Frauen, das ich letzthin im Zug mithörte. Die beiden waren offenbar auf der Heimreise eines gemeinsamen Wochenendes in einer englischen Stadt. Sie schienen müde von der Reise, besprachen, was sie nun daheim als erstes tun würden. Da begann die eine, vom erlebten Wochenende zu berichten. „Gehen wir mal durch, was wir erlebten." Ihre Erzählung begann mit der Ankunft in der fremden Stadt und der Begegnung mit einem Penner. In chronologischer Reihenfolge erzählten die beiden Frauen minutiös, was sie gemeinsam erlebt hatten. Vom langen Fußmarsch ins Hotel, dem Barbesuch, den Gesprächen mit jungen Männern. Dabei korrigierten sie sich ihre Erinnerungen gegenseitig.

Erzählten sich, was sie sich bei der Begegnung mit jenem und diesem gedacht hatten. Schallendes Gelächter unterbrach die Erzählungen. Es schien, als wollten sie sich gegenseitig versichern, was sie erlebt hatten. Versicherten sich, ein unvergleichlich lustiges Wochenende erlebt zu haben. Den witzigen Spruch auf dem Shirt in einem Touristenshop wollten sich die beiden, wie sie sich bestätigten, unbedingt merken. Eine der beiden postete diesen mit ihrem Smartphone sogleich lachend im Internet. – Eine MiniErzählung sozusagen.

Offensichtlich diente das gemeinsame Erzählen ihrer Versicherung der Wirklichkeit, dem Feststellen der eigenen Freundschaft. Ja, mehr als das: Die Vergangenheit veränderte sich, weil die eigene Erinnerung korrigiert und ergänzt werden konnte.

▶ Erzählen schafft soziale Beziehung, aktualisiert und bewertet eigene Vergangenheit und Zukunft im sozialen Umfeld und ist darüber hinaus durchaus flexibel und veränderbar. Geschichten sind daher für Beratungssituationen sehr bedeutsam.

Geschichten sind darüber hinaus wichtige Wegbereiter von *Veränderungen* und lassen uns *außergewöhnliche Situationen* verstehen:

Menschen erleben *Veränderungen* aus einer bestimmten, persönlichen Perspektive, sie erkennen Handlungen und Handelnde, sie erkennen Wirkungen.

Bei Geschichten verhält es sich nicht anders: Wir erkennen in ihnen Akteure, Handlungen und Wirkungen. Veränderungen werden also unter den gleichen Voraussetzungen wahrgenommen, wie Geschichten erzählt werden.

Persönliche Entwicklungen und Veränderungen können entsprechend in Erzählungen festgestellt, für das eigene Leben bewertet werden und an sozialer Bedeutung gewinnen. Erfolg zu haben bedeutet, Teil einer Geschichte zu sein, die man gerne erzählt. Menschen streben nach sozialer Anerkennung der eigenen Geschichte, des eigenen Veränderungsprozesses. Nicht anders geht es Herrn Keuner bei Bert Brecht (1971, S. 26):

Das Wiedersehen

Ein Mann, der Herrn K. lange nicht gesehen hatte, begrüßte ihn mit den Worten: „Sie haben sich gar nicht verändert." „Oh!", sagte Herr K. und erbleichte.

Wir wollen, dass unsere persönlichen Veränderungen vom Umfeld wahrgenommen werden und wir sie erzählen können. Wir erfahren unser bewegtes Leben als eine Geschichte, die wir erzählen und teilen wollen.

Coachingthemen sind oft *außergewöhnliche Themen*. Die Fragestellungen zielen nicht auf das Alltägliche und Klare sondern auf das Besondere und Erklärungsbedürftige.

Wie erklären wir das Außergewöhnliche? Wie verleihen wir ihm einen Sinn? Mit Geschichten. Wenn Sie etwa hören, dass jemand zu Fuss die Sahara durchquert, werden Sie automatisch nach Sinn und Intension fragen. Antwort gibt Ihnen eine Geschichte, die alles von Beginn an erklärt. Außergewöhnliches, Unverständliches erklären wir mit Geschichten (vgl. Bruner 1997).

► Erzählungen sind für die Beratung unter anderem deshalb relevant, weil wir Veränderungen in Geschichten erfassen und damit auch das Außergewöhnliche erklären können.

Wie Geschichten und Erkenntnis zusammenhängen

Jede Beratung, und damit im Grunde auch jede Intervention, zielt schlussendlich auf einen Erkenntnisgewinn beim Klienten/bei der Klientin. Doch wie gewinnt der Mensch überhaupt Erkenntnis? Wie beantwortet er sich denn die Frage, wer er ist?

Jeder Berater/Jede Beraterin hat ein bestimmtes Verständnis davon, wie Erkenntnis gewonnen wird. Die eingesetzten Interventionen müssen mit diesem Verständnis kohärent sein, sonst wird jede Intervention wirkungslos bleiben.

Es macht also Sinn, sich zu Beginn einige Gedanken dazu zu machen, welche erkenntnistheoretischen Annahmen dem Geschichten Erzählen zu Grunde liegen. Ich beschränke mich im Folgenden auf die kurze Darstellung einiger weniger Aspekte. Für ausführlichere Beschreibungen dieser Grundlagen verweise ich auf den 2. Teil dieses Buches.

Als Berater/Beraterin eine Geschichte zu erzählen heißt, mit *Sprache* im *sozialen Diskurs* eine Wirkung, oder eben einen Erkenntnisgewinn, beim *Klientensystem* erzeugen zu wollen. Ich mache daher im Folgenden einige erkenntnistheoretische Aussagen zu den drei Themen Sprache, sozialer Diskurs und Systemtheorie.

2.1 Sprache und Erkenntnis

Alles ist eine Frage der Sprache.
Ingeborg Bachmann

Erzählen geschieht über Sprache. Doch kann Sprache überhaupt Verständnis erzeugen? Welche Bedeutung hat die Sprache für unser Verstehen, für unsere Erkenntnis?

Sprache zu haben ist – im Gegensatz zur Kommunikation – eine typisch menschliche Eigenheit. Kommunizieren können auch Maschinen oder Pflanzen,

© Springer Fachmedien Wiesbaden 2016
D. Duss, *Storytelling in Beratung und Führung,*
DOI 10.1007/978-3-531-19783-8_2

die Signale austauschen. Auch die Sprache der Tiere gleicht eher dem einfachen Austausch von Signalen. Sie ist in gewissem Sinne sehr unflexibel, genetisch stark auf ihren Zweck ausgelegt. Die Sprache der Bienen etwa, ihr Tanz, ist fix mit der Ortung der Futterquelle verbunden. Die Bewegungen könnten unmöglich dazu gebraucht werden, um beispielsweise über das Wetter zu „reden" (vgl. Broschart 2007, S. 32 ff.).

Die menschliche Kommunikation, die menschliche Sprache hat einen grundlegend anderen Sinn. Sie ist in ihrer Form äußerst flexibel und anpassungsfähig. Im Kern baut sie darauf auf, dass Menschen eine künstlich geschaffene Beziehung zwischen Objekt und Sprachausdruck herstellen können. Es gibt keine genetisch veranlagte Bedingung, warum dieses Ding hier als „Buch" bezeichnet werden sollte. Die Beziehung zwischen dem Ausdruck „Buch" und dem was vor Ihnen ist, ist eine sozial geschaffene Norm. Menschen tun beim Sprechen so, als würde ein bestimmter Inhalt und der zugehörige Ausdruck zusammengehören, was im Grunde nicht stimmt.

Während eines Praktikums arbeitete ich in einem Kinderheim. Den Kindern war es verboten, bestimmte Schimpfwörter am Essenstisch zu gebrauchen. Schnell hatten sie sich eine Art Geheimsprache zurechtgelegt. „Du bist so ein extremer Baum!" Alle am Tisch wussten, dass „Baum" für das verbotene Wort stand. Was auch mir als Praktikant sofort klar war. Ich verstand ihre Sprache unweigerlich.

Es scheint, als sei weniger der konkrete Zusammenhang zwischen Ding und Ausdruck entscheidend, sondern vielmehr der Sprachgebrauch.

Dem Philosophen Ludwig Wittgenstein folgend lässt sich Sprachgebrauch als Spiel verstehen. Dialog gelingt einem Spiel gleich, im gemeinsamen Regelfolgen. Oder um im Bild des Spieles zu bleiben: „Die Frage ‚Was ist eigentlich ein Wort?' ist analog der Frage ‚Was ist eine Schachfigur?'" (Wittgenstein 2003, S. 80).

Das Sprachspiel betrifft nach Wittgenstein jedoch nie die Sache selber. Es ist unmöglich, eine Sache über Sprache mitzuteilen. Es zeigt sich im Sprachspiel einzig unsere Betrachtungsweise der Welt. „Man glaubt, wieder und wieder der Natur nachzufahren, und fährt nur der Form entlang, durch die wir sie betrachten" (Wittgenstein 2003, S. 82). Im Sprachgebrauch fällt die Sache selber als irrelevant aus der Betrachtung. Nicht der scheinbar vermittelte Inhalt entscheidet, sondern das gemeinsame Regelfolgen.

Der Sinn von Worten ist also nicht die Bezeichnung von etwas, sondern ihr Gebrauch im Dialog, der einem Spiel gleich funktioniert. Wenn ich Ihnen etwa „Guten Morgen" zurufe, so haben Sie verschiedene Spielzüge zur Verfügung. Sie könnten etwa „Ihnen auch, danke" oder „Was soll an diesem Morgen gut sein?" antworten. Wenn Sie darauf jedoch laut auf ihre Brust trommeln und dazu „Apfelbaum! Apfelbaum!" schreien, so verstoßen Sie gegen unsere Spielregeln. Das würde andererseits auch ich tun, wenn ich inmitten einer politischen Diskussion „Guten Morgen" sagen würde. Der Ausdruck „Guten Morgen" hat seinen Sinn einzig innerhalb seines Sprachspiels.

In Kap. 6 beschreibe ich das Wittgenstein'sche Konzept des Sprachspiels näher. Für unseren Zweck im Moment von Bedeutung: Sprache transportiert keine Inhalte sondern gleicht vielmehr einem sozialen Spiel, das funktioniert, wenn alle Beteiligten die Regeln befolgen.

Was für Sprache im Allgemeinen gilt, gilt auch für Geschichten im Speziellen: Sie können keine vordefinierte Erkenntnis erzeugen. Sie sind ein Spiel mit Sprache. Spiele funktionieren, wenn die Regeln allen bekannt sind und gleich verstanden werden. Die Regeln und Voraussetzungen des Erzählens sind, wie wir gesehen haben, in der menschlichen Entwicklung verankert. Erzählungen eignen sich so als allen bekannte Form des Sprachspiels.

Bisweilen sind Klienten/Klientinnen in ihren Welten, in ihren Sprachspielen, gefangen. Hier können Geschichten alternative Sprachspiele anbieten.

Auch die Linguistik beschäftigt sich mit der Frage nach den Zusammenhängen zwischen unserem Denken, unserer Sprache und der Erkenntnis von Wirklichkeit. Am Ende lässt sich lediglich feststellen, dass Zusammenhänge mit Sicherheit bestehen. Wie weit sie jedoch tatsächlich kausal und zwingend sind, lässt sich nicht mit Bestimmtheit sagen.

So herrschte lange Zeit die Meinung vor, die Sprache sei eine vom Denken im Grunde unabhängige Sache. Der Gedanke sei eine nicht-sprachliche, von der jeweiligen Grammatik unabhängige Sache. Die Sprache sei nur der je nach Grammatik leicht unterschiedliche Ausdruck des universellen Gedankens. Heute sind sich Linguisten/Linguistinnen einig, dass die Grammatik der Sprache nicht nur ein reproduktives Instrument zum Austausch von Gedanken ist, sondern vielmehr selber aktiv die Gedanken mitformt (vgl. Whorf 2008). Gedanken sind nicht unabhängig von der jeweiligen Grammatik. Der Kulturanthropologe und Linguist Benjamin Whorf spricht vom *linguistischen Relativitätsprinzip*. „Es besagt, grob gesprochen, folgendes: Menschen, die Sprachen mit sehr verschiedenen Grammatiken benützen, werden durch die Grammatiken zu typisch verschiedenen Beobachtungen und verschiedenen Bewertungen äußerlich ähnlicher Beobachtungen geführt. Sie sind daher als Beobachter einander nicht äquivalent, sondern gelangen zu irgendwie verschiedenen Ansichten von der Welt" (Whorf 2008, S. 20).

Kurzum: Sprache, Wirklichkeit und Erkenntnis sind nicht voneinander unabhängige Größen.

▶ Erkenntnis geschieht nicht nur *durch* Sprache, sie geschieht auch *in* der Sprache. Sprache formt unsere Erkenntnis mit.
Die Struktur des Erzählens ist uns gemeinsam und eignet sich so als „Regelwerk" des Sprachspiels in besonderer Weise.

2.2 Sozialer Diskurs und Erkenntnis: Sozialer Konstruktionismus

Gut auch der Augenblick als jemand rief: „Ein Segel!" und wir sahen es.
Rainer Malkowski

Der soziale Umgang, der soziale Diskurs, findet, wie wir gesehen haben, auch und vor allem in Geschichten statt. Wenn wir Menschen näher kennen lernen wollen, wenn wir uns Menschen öffnen, dann erzählen wir uns Geschichten. Wir teilen uns nicht die Angaben aus dem Personalausweis mit. Wir erzählen uns vielmehr, was wir erlebten. Die Teilhabe am Leben anderer kristallisiert sich in Geschichten. Unser eigenes Leben ebenso.

„Die Konstruktion des Selbst geschieht in Geschichten.... Was das Subjekt an Identitätsprojekten formuliert, wie es mit sich und anderen verhandelt, all dies findet in Narrationen statt." (Kraus 1996, S. 168)

Konstruktivistische Sichtweisen gehen davon aus, dass der Mensch nicht eine objektive Wirklichkeit wahrnehmen kann, sondern diese selber konstruiert. Ob es diese objektive Wirklichkeit an sich überhaupt gibt, wird uneinheitlich beantwortet. Während etwa Maturana diese Wirklichkeit prinzipiell leugnet, hält Bateson sie für existent, aber nicht erkennbar (vgl. Moldzio 2004, S. 91 ff.). So oder so: Die Wirklichkeit konstruiert sich der Mensch selber. Im Gegensatz zum Radikalen Konstruktivismus vertritt der *Soziale Konstruktionismus* hierbei die Ansicht, dass der Mensch nur im sozialen Umgang mit anderen Erkenntnisse über sich und die Welt gewinnen kann. Erkenntnis ist ohne sozialen Diskurs nicht denkbar.

Sozialkonstruktionistische Sichtweisen bemerken in diesem Sinn, dass unser Verständnis des eigenen Lebens und des Lebens der anderen der Teilhabe an einer gemeinsamen Erzählung gleichkommt.

Im Dialog, in Erzählungen, konstruieren und verändern sich Wirklichkeiten. Erzählungen können also transformativ wirken. Sie können Wirklichkeiten schaffen und verändern.

Die beiden jungen Frauen erzählten sich im Zug von ihrer gemeinsamen Reise. Dabei veränderte sich deren Erinnerung. Es veränderte sich die Vorstellung davon, warum die eine lachte, als die andere den jungen Mann grüßte. Das Erlebnis wurde durch das Erzählen nachträglich ein anderes, gewann eine neue Bedeutung.

Wann gelingt dieser transformative Dialog zwischen Berater/in und Klient/in? Es lassen sich aus sozialkonstruktionistischer Sicht zwei wesentliche Faktoren nennen: Kokonstituition und Anerkennung (vgl. Gergen 2002, S. 200 ff.).

Kokonstituition bezeichnet die Abstimmung aller Gesprächsbeiträge aufeinander: Sprachgebrauch und Erfahrungswelt von Berater/in und Klient/in müssen einander anschlussfähig sein. So dürften Klienten/Klientinnen, die selber gerne Geschichten erzählen, für die Geschichten des Beraters/der Beraterin auch besonders empfänglich sein. Transformativer Dialog, ein Dialog der bewegt, setzt eine gewisse Passung voraus. Der Berater/Die Beraterin muss ein Gefühl dafür haben, was für den Klienten/die Klientin eine hörenswerte und in diesem Sinn eine gute Geschichte ist.

Zweiter wesentlicher Gelingensfaktor für tranformativen Dialog ist die *Anerkennung*. Beraterinnen und Berater bringen ihren Klienten/Klientinnen Anerkennung entgegen. Das bedeutet nicht, einfach das Gesagte zu wiederholen oder mit allem einverstanden zu sein. Es bedeutet, das Gegenüber in seinen Empfindungen und Ansichten anzuerkennen.

Nun kann es ja sein, dass zwei ganz gegensätzliche Welten aufeinanderprallen. Hier kann sich Anerkennung auch in Neugierde am andern zeigen. Echtes Interesse an den Geschichten des Gegenübers.

Und Anerkennung heißt schließlich auch auf das Gegenüber zu reagieren und die eigene Wirklichkeit zur Verfügung zu stellen. Eigene Geschichten zu erzählen. So gesehen vermitteln Berater/innen, die selber eine Geschichte erzählen, ihrem Gegenüber immer auch Anerkennung und Wertschätzung. Und dies ist für das Gelingen jedes Beratungsprozesses von grundlegender Bedeutung.

Erzählungen selber sind in bestimmter Weise strukturiert (vgl. Kap. 3.2). Aus konstruktionistischer Sicht ist weniger der konkrete Inhalt für eine gute und glaubwürdige Geschichte entscheidend, sondern deren Konstruktion. Wir können Geschichten also nur wirkungsvoll einsetzen, wenn deren Konstruktion stimmt. Diese lässt sich theoretisch bestimmen. Ich meine jedoch, die größte Sicherheit für die richtige Konstruktion ist die Gewissheit, dass wir die Geschichte selber erzählenswert finden. Ich bin kritisch gegenüber eigens erfundenen Geschichten, die theoretisch perfekt durchdacht und aufgebaut sind – aber eigentlich im Grunde nicht erzählenswert sind. Kritisch gegenüber Geschichten, die zu lehrreich sind. Lernarrangements, die sich als Geschichten ausgeben, sind unter anderem wohl auch deswegen nicht glaubwürdig, weil ihre Konstruktion nicht stimmt. Didaktik ist anders konstruiert als eine Geschichte.

► Geschichten können im sozialen Dialog bewirken, dass Menschen sich ihre Welt verändert konstruieren. Damit dieser Dialog gelingt, sind Kokonstituition und Anerkennung wesentlich. Echte Geschichten sind tatsächlich erzählenswert. Geschichten zu erzählen heißt auch, Anerkennung zu vermitteln.

Menschen streben nach Anerkennung. Nicht in erster Linie nach Lob. Sie streben danach, von Ihrer Mitwelt Reaktion auf die eigenen Geschichten zu erhalten. Anerkannt zu werden. Nur so wird ihre eigene Welt wirklich.

Kapitel 7 im zweiten Teil dieses Buches befasst sich ausführlicher mit sozialkonstruktionistischen Sichtweisen.

2.3   Systemische Sichtweise und Erkenntnis

Ich hatte langsam das Gefühl, dass menschliche Ereignisse sich hin- und herschlängelten wie schlechte Romane des 18. Jahrhunderts und sich nicht ordentlich in netten sich wiederholenden Wendungen abspielten. Anstatt ihnen die Rückkoppelungsschleifen der kybernetischen Theorie aufzuzwängen, begann ich, sie so zu betrachten, als wären sie Wasserfälle und Flüsse.
Lynn Hoffman

Geschichten wollen Veränderungen im sozialen *System* des Klienten/der Klientin bewirken. Welche Bedeutung haben Geschichten also für Systeme? Geschichten sind aus systemischer Sicht unter anderem deshalb leicht verständlich, weil sie die Komplexität der Realität zu reduzieren und zu ordnen vermögen. Erzählungen verbinden dabei isolierte Elemente zu einem verständlichen Ganzen. Genau betrachtet gibt es in der Welt gar keine Wiederholungen Desselben, die Welt ist in ihrer Zeit-Raum-Ausdehnung damit auch unendlich komplex und chaotisch (vgl. Kriz 1997, S. 132 ff.). Das überfordert den Menschen. Geschichten reduzieren die Komplexität der Welt und machen sie so überhaupt erst verstehbar.

Die Gründe für einen Streit beispielsweise sind vielleicht vielschichtig und komplex. Unsere Geschichte, die den Streit erklärt, ist einfach und klar.

Vielfach bedürfen Klienten/Klientinnen genau dieser Reduktion. Geschichten können dabei komplexe Systeme nicht ersetzen, aber sie können ihre Strukturen vereinfachend darstellen.

Nicht immer ist diese Vereinfachung jedoch zielführend. Nicht immer benötigen Klienten/Klientinnen eine Reduktion der Komplexität. Manchmal ist es notwendig, sie darin zu unterstützen, die Komplexität möglichst umfassend und rational zu erfassen. Dazu sind Geschichten kein probates Mittel.

Komplexität kann Menschen schlicht überfordern. Das zeigt anschaulich das Lohhausen-Experiment des Psychologen Dietrich Dörner (1994). Er ließ Menschen eine fiktive, typische Kleinstadt regieren. Die Versuchspersonen waren mit den komplexen Wechselwirkungen des Systems schnell überfordert und regierten „Lohhausen" in Grund und Boden. Dörner nennt als einen der Gründe hierfür, dass die Menschen nicht in Problemnetzen zu denken vermochten. Sie reduzierten die anstehenden Problemsituationen zu einfachen Fragen nach Ursache-Wirkung, zu einfachen Geschichten und verkannten damit das System als Ganzes.

Hier zeigen sich Grenzen im Einsatz von Geschichten. Geht es etwa um die strukturierte Analyse von Situationen und die Gewichtung der einzelnen Teilaspekte und Unteraspekte, so reduzieren Geschichten die Komplexität der Situation unzulässig stark und können gar manipulierend wirken.

Fritjof Haft (2000) zeigt die manipulierende Wirkung von Geschichten am Beispiel von Preisverhandlungen: Die Verhandlungspartner begründen ihre Preisvorstellungen mit Geschichten. Der Hausverkäufer etwa erzählt von seiner Kindheit in jenem Haus, seiner emotionalen Bindung. Obwohl dies kein rationales Preisargument sein kann, das den Verkaufswert der Immobilie ändert, nimmt die Geschichte Einfluss auf die Verhandlung. Haft legt dar, dass Menschen, statt einer rationalen Argumentation, ihren Standpunkt mit einer Geschichte erklären. Diese ist zwar leicht verständlich, ist aber nicht fähig einen komplexen Standpunkt rational zu begründen. „Unsere verbale Sprache ist eine Geschichtensprache, die uns dazu verführt, auch komplexe Konfliktsituationen als Geschichten, im „Geschichtenmodus", zu behandeln. Wir erzählen dann nicht ein Problem, sondern die Geschichte des Problems, und wir lassen unsere Erzählung in diejenige Fortsetzung münden, welche wir uns wünschen. Diese künftige Idealgeschichte ist dann identisch mit unserer Position" (Haft 2000, S. 4).

Ähnlich verhält es sich immer wieder in Diskussionen komplexer Themen: Sie enden in der Erzählung einer Geschichte. „Bei Diskussionen um beispielsweise die Atomkraft, das Internet, die Gentechnik oder die Stammzellforschung geht es nicht selten gar nicht um Fakten, sondern um Frankenstein oder George Orwells 1984, also um Utopie und Fiktionen von fehlgehender Wissenschaft bzw kranken Wissenschaftler" (Spitzer 2007, S. 453).

Kurz: Geschichten reduzieren die Komplexität von Systemen. Berater/innen müssen sich im Klaren sein, ob dies für die aktuelle Situation hilfreich ist oder nicht.

Die sich im systemischen Kontext entwickelnde *Narrative Denkrichtung* weist Geschichten wirklichkeitskonstruierende Funktionen zu: „Wirklichkeit besteht aus nichts anderem als Geschichten: *darüber* reden Menschen miteinander, nicht über Allianzen, Grenzen, Regeln und Redundanzen" (Schlippe und Schweitzer 2003, S. 40). Unschwer ist die Nähe zu konstruktivistischen Sichtweisen zu erkennen.

Geschichten sollen in unserem Zusammenhang transformativ wirken. Systemisch-konstruktivistische Beratungsmodelle konzeptionieren dabei den Begriff der *Veränderung* sehr ähnlich. Sollen Geschichten eine solche bewirken, so müssen sie Veränderungen in Mustern bewirken.

„Wenn Erleben (individuell und interaktionell) als Ausdruck von regelhaften Mustern dargestellt werden kann,... dann heißt Veränderung allgemein ausgedrückt nichts anderes als das Einführen von Unterschieden in diese Muster" (Schmidt 2005, S. 8). Dabei muss eine Geschichte nicht ein ganzes Muster auf einmal verändern. Meist genügt es, an einzelnen Stellen oder Verbindungspunkten von Systemen eine Veränderung einzuführen um das ganze Muster zu verändern.

An einer Schule hatte die Leitung gewechselt. Die neue Schulleiterin begegnete einigen Lehrpersonen an einer gemeinsamen Arbeitssitzung zum ersten Mal. Nach einer kurzen Vorstellungsrunde eröffnete sie die gemeinsame Arbeit, in dem sie eine Bilderbuchgeschichte vorlas, welche die gemeinsame Arbeitsweise illustrieren sollte. Die Lehrpersonen waren irritiert. Eine Geschichte vorlesen, noch dazu eine Bilderbuchgeschichte, das war unter der bisherigen Leitung schlicht unvorstellbar gewesen: zu kindisch, zu kreativ.

Diese Irritation prägte die folgende Arbeit. Das Erzählen der Geschichte an sich hatte schon eine kleine Veränderung im System der Zusammenarbeit eingeführt – und damit die gesamte Zusammenarbeit auf Dauer verändert.

Was genau die eingeführte Veränderung in einem Muster bewirken wird, ist kaum planbar.

Individuen sind wechselseitig und ganz grundlegend aufeinander bezogen: Unilaterale Einwirkungen auf den Menschen sind aus systemischer Sicht nicht möglich. Es wäre also verfehlt zu meinen, eine Intervention, etwa das Erzählen einer Geschichte, könne einen im Detail geplanten, vorgefertigten Unterschied in ein anderes System einführen. Instruktive Interaktion ist unmöglich, da direkte, kausale Einflussnahme auf andere undenkbar ist (vgl. Moldzio 2004, S. 86 ff.).

Diese Erkenntnis mag auch ermuntern, eine Geschichte zu erzählen, selbst wenn man deren Wirkung selber nicht wirklich versteht.

▶ Geschichten reduzieren die unendliche Komplexität der Wirklichkeit und können sie so wieder überschaubar und damit beeinflussbar machen. Geschichten können so Veränderungen in Mustern beim Klientensystem bewirken. Diese Wirkung ist sehr beschränkt steuerbar.

2.4 Zusammenfassung

Unsere Alik liebt den Tanz, weil er der Schatten der Liebe ist.
Viktor Sklovskij

Durch Erzählungen schaffen wir soziale Beziehungen, wir erkennen uns durch Geschichten als Teil eines sozialen Ganzes, das einen bestimmten Fortlauf hat, in dem wir eine Rolle spielen.

Wir aktualisieren in unseren Erzählungen laufend unsere Vergangenheit und konstruieren uns unsere Zukunft.

Wir erfassen Außergewöhnliches und Veränderungen in Geschichten.

Geschichten schaffen Erkenntnisgewinn über Sprache. Dabei lässt sich Sprache als Spiel verstehen. Geschichten sind als „Spielform" deswegen geeignet, weil wir die Regeln des Erzählens verinnerlicht haben und alle gleichermaßen mitspielen können. Geschichten können überdies die unendlich komplexe Welt überschaubar und beeinflussbar machen. Geschichten vereinfachen komplexe Systeme und lassen diese so veränderbar werden.

Im gemeinsamen Erzählen konstruieren wir uns die Welt. Unterschiedliche Erzählungen konstruieren unterschiedliche Welten.

Damit dieser soziale Diskurs gelingt und transformativ wirken kann, ist echte Anerkennung notwendig.

Wie Geschichten strukturiert sind

3

Nachdem wir uns im vorangehenden Kapitel mit dem Zusammenhang zwischen Erzählen und Erkenntnis beschäftigt haben, werfen wir nun einen Blick darauf, wie Erzählungen strukturiert sind: Was ist eine Erzählung überhaupt? Warum erzählen wir Geschichten? Wie erzählen wir sie?

Geschichten wirken häufig als sprachliches Bild für eine Klientensituation, sie wirken metaphorisch. Metaphern kommen in der Arbeit mit Geschichten entsprechend eine ganz besondere Bedeutung zu. Darum schließt dieses Kapitel mit einigen sprachtheoretischen Bemerkungen dazu.

3.1 Merkmale von Erzählungen

Und der Mensch heißt Mensch
weil er vergisst,
weil er verdrängt
und weil er schwärmt und stählt
weil er wärmt, wenn er erzählt
Herbert Grönemeyer

Was ist eine Geschichte überhaupt?

Vereinfachend gesagt: Sie besteht zumindest aus einem Sinnzusammenhang mit Anfang, Ende und Plot.

Geschichten zeigen sich im mündlichen Erzählen. Entsprechend definiert Genette (1994) die Erzählung als eine Abfolge und einen Zusammenhang von fiktiven oder realen Ereignissen, die in einem mündlichen oder schriftlichen Diskurs berichtet werden.

Eine Geschichte beschreibt also immer eine Veränderung. Es werden zumindest zwei Zustände beschrieben, die nicht identisch sind. „Für mich liegt, sobald es

© Springer Fachmedien Wiesbaden 2016
D. Duss, *Storytelling in Beratung und Führung,*
DOI 10.1007/978-3-531-19783-8_3

auch nur eine einzige Handlung oder ein einziges Ereignis gibt, eine Geschichte vor, denn damit gibt es bereits eine Veränderung, einen Übergang vom Vorher zum Nachher" (Genette 1994, S. 202).

Die Kürzestgeschichte von Peter Bichsel (1997, S. 44) beschäftigt sich mit ebendieser Frage.

Sehnsucht

In Langnau im Emmental gab es ein Warenhaus. Das hieß Zur Stadt Paris. Ob das eine Geschichte ist?

Erzählungen sind in ihrer Art immer auch indirekte Angebote an die Zuhörerschaft: Sie regen bei dieser innere Such- und Findeprozesse an. Die Zuhörerschaft ist herausgefordert, sich selber zur Geschichte zu positionieren. Dabei geht es weniger um einen intellektuell begründeten Positionsbezug als vielmehr um eine emotionale Herausforderung. Geschichten sprechen nicht in erster Linie die kognitive Sprache des Cortex. Sie sprechen die Sprache des limbischen Systems und anderer entwicklungsgeschichtlich älterer Gehirnbereiche (vgl. Schmidt 2005, S. 92). Wer eine Geschichte hört, wird bei sich selber eine Reaktion feststellen, wie auch immer diese ausfällt. Geschichten lassen einen nicht unberührt. „Geschichten, nicht Fakten, machen und gehen uns an" (Spitzer 2007, S. 453).

Wie wir sehen, können Geschichten auch unwillkürliche Prozesse ansprechen und Emotionen beeinflussen. Geschichten können bewusst oder unbewusst helfen, mit Emotionen umzugehen.

An Beerdigungen und dem anschließenden Essen werden viele Geschichten erzählt. Der Lebenslauf des Verstorbenen wird in der Kirche mit Anekdoten angereichert. Es geht hier nicht in erster Linie darum, die Jahreszahlen seiner Schulabschlüsse zu hören. Es geht nicht um Wissensvermittlung. Vielmehr erfährt man dabei im Grunde, dass die Anwesenden die Geschichte des Verstorbenen zusammen geschrieben haben. Es geht darum, zu erfahren, dass der Tote in der Gemeinschaft lebt.
Wer die Lebensgeschichte des Verstorbenen in der Kirche erzählt, scheint dem Geist des Anlasses besonders nahe.
Beim gemeinsamen Essen geht es dann mitunter ganz lustig zu und her. Man erzählt sich Geschichten, die man mit dem Verstorbenen erlebt hat. Geschichten helfen uns auch hier, die gemeinsame Trauer für den Moment zu bewältigen.

Häufig sind emotionale Aspekte von Problemsituationen auch in Coachings ganz wesentlich. Nicht selten geht es um die emotionale Betroffenheit von Klienten/Klientinnen, und nicht um die Situation an sich. Oder es geht um persönliche Entscheidungssituationen, Lernprozesse und Kreativität. Auch in diesen Bereichen spielen Emotionen nachweislich eine wesentliche Rolle (vgl. Zimbarrdo und Gerrig 2003, S. 369).

Geschichten, von wem auch immer erzählt, können auch unter dem Gesichtspunkt der Emotionalität in Coachings wertvolle Dienste leisten. Geschichten können auch hier helfen, mit Emotionen umzugehen. Sie können diese ansprechen, ohne zu verletzen, ohne sie auf eine analytische, direkt beschreibbare Ebene zerren zu wollen.

In einem Coaching mit einer Gruppe stellte ein Teilnehmer seine persönliche Situation vor. Es war ihm eben erst die Stelle gekündet worden und er suchte nach einem Umgang mit dieser belastenden Situation. Seine Erzählung war stark emotional, er war den Tränen nahe.

Ich ließ ihn in seinem Stuhl stumm zurücklehnen und alle Gruppenmitglieder erzählten von ihren persönlichen Erfahrungen mit Abschlüssen, Kündigungen, usw. Scheinbar ging es nun gar nicht mehr um den Teilnehmer. Doch ich war überzeugt, er konnte sich auf emotionaler Ebene viel aus den Geschichten seiner Kolleginnen und Kollegen ziehen. Es ging hier, wie ich meinte, nicht um analytische Tipps. Der Mann verlangte unausgesprochen nach emotionaler Stabilität. Diese konnten ihm die Erzählungen der anderen möglicherweise liefern.

▶ Geschichten sprechen die Zuhörenden direkt an und fordern sie heraus. Geschichten können Emotionalität direkter ansprechen als es analytische Argumente tun.

3.2 Struktur von Erzählungen

Über richtige Indianer redet man nicht stundenlang.
Jürg Schubiger

Wie strukturiert sich eine glaubwürdige, und in diesem Sinn eine gute Erzählung? Wann wirkt eine Erzählung glaubwürdig? Gergen (2002, S. 92 ff.) nennt sinngemäß die folgenden vier grundlegenden Charakteristika:

a. Eine Geschichte soll ein Ziel, ein angestrebtes Ende haben. Meist ist dieses Ende mit starken Emotionen verbunden.
b. Eine Geschichte enthält Ereignisse, die in Bezug auf das Ende von Bedeutung sind.
c. Eine Geschichte strukturiert diese Ereignisse in einer Reihenfolge. Meist werden die Ereignisse in ihrer zeitlichen Reihenfolge erzählt.
d. Die Ereignisse stehen in einer kausalen Beziehung zueinander.

Stellen Sie sich etwa vor, Sie erzählen Freunden, wie Sie Ihre Partnerin/Ihren Partner kennengelert haben:

a. Das angestrebte Ziel Ihrer Erzählung muss die Begegnung mit der Partnerin/ dem Partner sein. In diesem Fall ein erwünschtes Ziel.
b. Alle Ihre Erzählelemente führen auf dieses Ziel hin. Sie können vom Regen an jenem Tag erzählen, wenn Sie Ihrer Partnerin/Ihrem Partner beim Kaufen des

Schirms begegnet sind. Ansonsten dürfte das Wetter wenig zur Sache haben – und damit nicht zur Geschichte gehören.

c. Ihre Erzählung wird vermutlich chronologisch aufgebaut sein. Dies ist meist am verständlichsten, muss aber nicht zwangsläufig so sein. Der Film *Memento* von Christopher Nolan etwa erzählt eine Geschichte in chronologisch umgekehrter Reihenfolge. Auch Ihre Erzählung könnte mit der entscheidenden Begegnung beginnen und danach ihre Spannung daraus ziehen, wie es zu diesem Ende gekommen ist.

d. Ihre Erzählelemente haben kausale Zusammenhänge: Weil es regnete und ich meinen Schirm vergessen hatte, musste ich einen Schirm kaufen gehen. Weil mir die Frau/der Mann gefiel, überließ ich ihr/ihm den letzten Schirm im Geschäft.

Besonders wichtige Charakteristika für die Glaubwürdigkeit einer Erzählung sind nach Gergen das angestrebte Ziel und Hinweise auf Kausalbeziehungen zwischen den Ereignissen.

Kennen Sie den Witz mit den zwei Hochhäusern im Keller?

Zwei Hochhäuser sitzen im Keller und spielen Schach. Da plötzlich läuft ein Erdbeben vorbei. Sagt das eine Hochhaus: „Himmel, das Erdbeben macht mir Angst!" Erwidert das andere: „Du brauchst keine Angst zu haben, ich habe ein Erdbeer-Joghurt in der Hosentasche."

Was soll daran lustig sein? Wenn etwas lustig ist, dann dass die Begebenheit zwar chronologisch erzählt wird und so noch als Geschichte erkennbar bleibt, darüber hinaus aber die wesentlichen Charakteristika einer Erzählung missachtet. Sie ist damit absolut unglaubwürdig und unsinnig. Je besser eine Erzählung hingegen diese vier Charakteristika erfüllt, desto glaubwürdiger wirkt sie.

Eine Studie untersuchte, wann eine Geschichte als glaubwürdig wahrgenommen wird (vgl. Gergen 2002, S. 93 ff.). Die Teilnehmerinnen und Teilnehmer der Studie wurden dafür gebeten, entweder eine reale Begebenheit aus ihrem Leben oder eine frei erfundene Geschichte zu erzählen. Eine unabhängige Gruppe von Zuhörerinnen und Zuhörern sollte nun entscheiden, ob die Geschichte wahr ist oder nicht. Dies gelang im Wesentlichen nicht. Als man jedoch die für wahr befundenen Geschichten untersuchte, fiel auf, dass diese die definierten Kriterien einer guten Erzählung signifikant besser erfüllten als die für unwahr gehaltenen Schilderungen. Für die Glaubwürdigkeit einer Geschichte schien also deren ideale Strukturierung entscheidender als deren Inhalt.

Das angestrebte Ziel einer Erzählung kann vom Erzähler/von der Erzählerin unterschiedlich bewertet werden. Die Erzählung kann konstant zu einem positiv oder zu einem negativ bewerteten Ziel hinführen. Eine regressive Erzählung könnte etwa sein, wie jemand mit seiner Arbeit immer unzufriedener wird und schließlich die Stelle kündet. Eine Erzählung kann auch Hochs und Tiefs beinhalten. Etwa die Zukunftsängste und Freuden vor einer wichtigen Entscheidung.

Ein Coaching kann nun dem Klienten/der Klientin progressive statt regressive Geschichten zur Verfügung stellen; Geschichten, die zu einem positiv bewerteten Ziel hinführen und dem Klienten/der Klientin so helfen, an die Wendungen in der eigenen Geschichte zu glauben.

▶   Nur glaubwürdige Geschichten können im Beratungssetting wirksam sein. Glaubwürdig sind Geschichten, die unter anderem die kausalen Zusammenhänge zwischen den einzelnen Ereignissen transparent machen und auf ein angestrebtes Ziel hinsteuern.

Dieses Ziel kann positiv oder negativ bewertet sein. Der Weg zu diesem Ziel kann unterschiedlich verlaufen.

3.3   Warum erzählen wir? Funktionstypologie

Das ist eine wahre Geschichte. Jemand hat sie mir erzählt, der sie selber in der Zeitung gelesen hat. Und mich hat sie beeindruckt, weil ich das Gefühl hatte, ich hätte sie auch schon in der Zeitung gelesen oder könnte sie nächstens in der Zeitung lesen.
Guy Krneta

Warum erzählt jemand überhaupt? Nach Quasthoff (1980, S. 146 ff.) lassen sich drei Funktionstypen grundlegend unterscheiden:

*   Primär *sprecherorientierte Erzählungen* dienen vorrangig der Selbstdarstellung und Entlastung des Erzählers/der Erzählerin. Dabei lässt sich unterscheiden, ob die Entlastung eine alltägliche Emotion betrifft (kommunikative Entlastung) oder ob es um eine nachhaltige Aufarbeitung von Erlebnissen geht (psychische Entlastung).
*   Primär *hörerorientierte Erzählungen* dienen der Unterhaltung und Belustigung und sind häufig von den Zuhörenden initiiert worden.
*   Primär *kontextbezogene Erzählungen* dienen der Erklärung und Verständigung. Sie belegen die Wahrhaftigkeit von Behauptungen. Sie unterstreichen und illustrieren Aussagen.

Im Hinblick auf unser Thema lässt sich schnell Konsens finden: Erzählungen des Beraters/der Beraterin dürfen, sollen sie eine zielführende Intervention sein, niemals primär sprecherorientiert sein.

Es kann nicht sein, dass der Berater/die Beraterin die kostbare Coachingzeit für die eigene psychische Entlastung missbraucht.

Doch wie sieht es mit der *kommunikativen Entlastung* des Beraters/der Beraterin aus? Bisweilen bringe ich, wenn ich dem Klienten/der Klientin zuhöre, eine eigene Geschichte nicht mehr aus dem Kopf. Da kann es durchaus richtig sein, diese zu erzählen. Und sei es auch nur, um sie wieder aus meinem Kopf zu bringen. So geben wir dem Klienten/der Klientin immer auch Resonanz und bereichern damit auch seine/ihre Geschichte.

Ein Team erzählte mir während eines Coachings von seiner emotionalen Enttäuschung im Umgang mit einem geistig behinderten Klienten. Vereinbarungen würden kaum eingehalten und der Klient ändere die eigenen Bedürfnisse, vom Musikgeschmack bis zur sexuellen Orientierung, andauernd. Während die Teammitglieder erzählten, kam mir unweigerlich in den Sinn, wie unser damals zweijähriger Sohn mir einige Tage zuvor in die Arme hatte springen wollen. Freudig war ich niedergekniet und hatte meine Arme weit geöffnet. Unser Sohn war meiner Umarmung entgegengesprungen. Vaterglück. Und plötzlich, ganz unvermittelt, war er stehen geblieben und hatte sich interessiert einem vorbeispringenden Ball oder Käfer zugewandt.

Die Geschichte wollte mir nicht aus dem Kopf und ich erzählte dem Team davon. Ich machte klar, meine Geschichte habe wohl nichts zu bedeuten, aber sie sei mir halt in den Sinn gekommen, und ich müsse sie nun erzählen, wolle ich mich wieder ganz ihrem Thema widmen können.

Ich glaube, die Bestimmtheit, mit der sich die Geschichte in meinem Kopf in jenem Moment festnistete, gab mir die Gewissheit, sie könne hier nicht komplett am falschen Ort sein. Es war klar, auch sie hatte mit persönlicher Enttäuschung zu tun und sie konnte im Folgenden auch das Thema, die Geschichte des Teams, bereichern. Ich komme später nochmals darauf zurück.

Die Geschichte unseres Sohnes war in diesem Zusammenhang aus professioneller Sicht nur erzählbar, weil sie nicht ausschließlich sprecherorientiert war. Meine kommunikative Entlastung war zwar eine nicht unwesentliche Funktion der Geschichte, aber nicht die einzige.

▶   Eine Geschichte zu erzählen, kann kommunikativ entlastend wirken.
     Berater/innen dürfen jedoch Geschichten nie *ausschließlich* sich
     selbst willen erzählen.

Gleiches lässt sich über die *Hörerorientierung* von Erzählungen sagen: Berater/innen dürfen Geschichten nicht ausschließlich der Zuhörerschaft willen erzählen.

Zwar kann eine Anekdote zur Unterhaltung die Beratungssequenz sinnvoll auflockern. Doch macht auch sie nur Sinn, wenn sie einen gewissen Kontextbezug aufweist.

Ausschließlich hörerorientierte Erzählungen verkommen zur reinen Unterhaltung. Und die Verlockung ist da. Einem guten Erzähler/Einer guten Erzählerin hört man gerne zu, und Beratende sind dies nicht selten. Da signalisieren Klienten/ Klientinnen, dass sie gerne von den Erfahrungen des Beraters/der Beraterin hören wollen – insbesondere, wenn diese/r erfahrener im verhandelten Arbeitsbereich ist. Der Berater/Die Beraterin fühlt sich geschmeichelt. Und erzählt. Und erzählt. Die Beratungsbeziehung ist eine asymmetrische und die Berater/innen tragen die Verantwortung für den Gesprächsprozess. Wenn Beratungssitzungen allzu reibungslos verlaufen, hat das manchmal einen einfachen Grund: Der Berater/Die Beraterin erzählt zu viel. Es obliegt ihm/ihr, dieser Versuchung zu widerstehen.

Kontextbezogene Geschichten sind in unserem Zusammenhang sicher recht häufig. Insbesondere, wenn Coachings im Umfeld der Lehre und Weiterbildung stattfinden. Hier kann eine Geschichte des Beraters/der Beraterin immer auch eine versteckte, aber nicht minder direktive Form der Belehrung darstellen. Da wird der Grat meines Erachtens schmal. Geschichten werden missbraucht, versucht man damit direktiv Einfluss auf den Klienten/die Klientin auszuüben (vgl. Kap. 4.6). Geschichten sind per Definition ein Angebot und keine Aufforderung.

3.4 Wie erzählen wir? Erzählphasen

Jede Geschichte, die wir über uns erzählen, kann nur in der Vergangenheit erzählt werden. Sie spult sich von dort, wo wir heute stehen, nach rückwärts ab, und wir sind nicht mehr ihre Akteure, sondern ihre Zuschauer, die sich entschieden haben, zu sprechen.
Siri Hustvedt

Eine Erzählung ist mehr als eine vorgelesene Geschichte.

Hierhin gehörten nun auch Bemerkungen zu nonverbalen und paraverbalen Aspekten des Erzählens. Bemerkungen dazu, dass es einen Unterschied macht, ob ich leise oder laut erzähle, ob ich Handbewegungen dazu mache oder nicht.

Ich beschränke mich hier jedoch auf die Darstellung der typischen Erzählphasen.

Eine Erzählung gliedert sich in verschiedene Phasen. Je nach Interessenlage des Erzählers/der Erzählerin werden diese Phasen unterschiedlich gewichtet. Eisenmann (1995, S. 72 ff.) beschreibt in einem Phasenmodell, das im Zusammenhang mit Beratung/Therapie steht, vier Erzählphasen:

1. Der Erzähler/Die Erzählerin kündigt eine Erzählung an und prüft damit die Rezeptionsbereitschaft des Hörers/der Hörerin.
2. Der Erzähler/Die Erzählerin eröffnet den Erzählraum. In dieser Orientierungsphase wird über äußere Faktoren wie Zeit, Ort und Akteure, aber auch über innere Faktoren wie Emotionalität, informiert.

3. Das Geschehen wird erzählt und laufend bewertet. Der Hörer/Die Hörerin kann seine/ihre Zustimmung oder Ablehnung kundtun.
4. Der Erzähler/Die Erzählerin macht den erzählten Einzelfall einer Verallgemeinerung zugänglich. Er/Sie muss diese Generalisierung nicht zwangsläufig explizit formulieren, es sei denn, es handle sich um eine Lehre.

In unserem Zusammenhang kommt insbesondere der ersten Phase eine besondere Bedeutung zu: Das Coaching ist für den Berater/die Beraterin im Grunde kein besonders erzählfreundlicher Raum. Es ist nicht seine/ihre Erzählung, die in erster Linie gefragt ist. So muss er/sie sich vor dem Erzählen der Geschichte beim Klienten/bei der Klientin ein Rederecht, allenfalls sogar ein ziemlich extensives, einholen. Meines Erachtens gehört dazu auch zu klären, warum die Geschichte überhaupt erzählt wird, welchen Zweck sie verfolgt.

Bevor ich dem oben erwähnten Team die Geschichte mit unserem Sohn erzählte, wie er mir plötzlich nicht mehr in die Arme hatte laufen wollen, holte ich mir dieses Rederecht ein. Ich erwähnte wie gesagt ziemlich ausschweifend, wie unwichtig die Geschichte eigentlich sei und dass sie mir jetzt halt eingefallen sei. Ich müsse sie nun wohl schnell erzählen, damit ich den Kopf wieder frei haben würde. Hier liess ich bewusst Raum und Zeit, dass die Zuhörenden sich der Geschichte auch hätten verschließen können.

In der Erzählankündigung wird, wie wir sehen, nicht selten bereits der Wert der Geschichte vorweggenommen. Eine Relativierung – sie sei gar nicht so wichtig hier – fordert die Zuhörerschaft schließlich auch zu einer eigenen Stellungnahme zur Geschichte heraus. Zudem ermöglicht sie eine größere Distanz zur Geschichte, es wird verhindert, dass sie belehrend wahrgenommen wird. Es wird für die Zuhörenden nach der Erzählung ein Leichtes sein, die Geschichte als unnütz oder wirklich unpassend abzutun – diese Aussicht kann die Rezeptionsbereitschaft durchaus erhöhen.

Es kann hilfreich sein, sich diese Erzählankündigung in einem vorbereiteten Satz zurecht zu legen. Die Ankündigung dürfte bei jeder Geschichte etwa ähnlich ausfallen.

▶   Der Berater/Die Beraterin leitet die eigene Erzählung mit einer Ankündigung ein. So holt er/sie sich ein ausführliches Rederecht für eine bestimmte Zeit.

Wenn die Geschichte einen belehrenden Anteil enthält, sie also zur Darstellung einer allgemeinen Aussage eingebracht wurde, soll diese Lehre am Ende der Geschichte auch explizit formuliert werden. Es scheint mir wichtig, dass der Klient/die Klientin Klarheit darüber hat, was mit der Geschichte konkret bezweckt wurde.

Schließlich geht es auch darum, wieder den Weg zurück in die Geschichte des Klienten/der Klientin zu finden. Die eigene Geschichte soll also bewusst abgeschlossen werden. Dies kann zum Beispiel dadurch geschehen, dass der Wert der Geschichte aus eigener Sicht formuliert wird und indirekt nach der Bewertung des Klienten/der Klientin gefragt wird.

Wie wir gesehen haben, regen Geschichten bei der Zuhörerschaft Suchprozesse an und fordern zur Stellungnahme heraus. Wenn der Berater/die Beraterin wahrnimmt, dass die Geschichte durchaus passend war, lohnt es sich, nach den konkreten Gedanken des Klienten/der Klientin zur Erzählung zu fragen. Es geht hier darum, die Geschichte zur Geschichte des Klienten/der Klientin zu machen, Ableitungsversuche zu initiieren, Ableitungsangebote zu machen.

Auf jeden Fall aber ist darauf zu achten, dass der Klient/die Klientin wieder zu einem hohen Sprechanteil findet. In seiner/ihrer Welt spielt sich schließlich die problematische Geschichte ab. Wir müssen nach unserer Erzählung den Ball wieder zurück spielen.

Den Ball zurück spielen: Das erinnert mich an einen Fußballtrainer, der seinen Spielern neue Dribblings beibringen will. Es macht durchaus Sinn, dass er diese vorzeigt. Wirklich nützlich werden sie aber erst, wenn er den Ball den Spielern danach schnellstmöglich wieder zurückspielt und nicht für den Rest der Trainingseinheit weiterdribbelt - auch wenn die Spieler vor Begeisterung applaudieren.

Dieses Bild des Fußballtrainers ist jedoch insofern unpassend, da Fußballtraining weitgehend ein Vorzeigen und Nachmachen, ein Stärken durch Wiederholung, ein Repetieren und Automatisieren, ist. Das unterscheidet das Training wesentlich von einem Coaching.

Die Metapher des Fußballtrainers ist also nur sehr begrenzt sinnvoll. Das bringt uns zur Frage, was Metaphern und metaphorische Geschichten ausmachen und was sie bewirken können.

3.5 Metaphern

Was ist daher Wahrheit? Eine mobile Armee der Metaphern.
Friedrich Nietzsche

Metaphern drücken eine Sache in den Begriffen einer anderen Sache aus. Diese Verknüpfung verleiht der ersten Sache eine bestimmte Bedeutung (vgl. Gordon 1985, S. 17 ff.).

Auch Erzählungen sind oft metaphorischer Art, es geht also nicht primär um die Vermittlung des erzählten Inhaltes. Es geht darum, mit der Darstellung in einer anderen Form, der realen Situation einen bestimmten Sinn zu verleihen. Es geht um die Darstellung abstrakter Konzepte, um die Einführung neuer Sichtweisen (vgl. Lakoff und Johnson 2007). Metaphern sind nicht Kopien von Situationen, sie geben die Situation nicht einmal maßstabgetreu wieder. Sie lassen Situationen in neuem Licht erscheinen, verfremden sie und lassen sie dabei dennoch erkennbar bleiben, nicht selten mit einem Augenzwinkern. Sie sind Wegbereiter von Veränderung.

Debatin (1995) führt in diesem Zusammenhang Forschungsergebnisse der Neurologie ins Feld, die zeigen, dass durch Metaphern ein besonders reges Zusammenspiel der beiden Hirnhemisphären angeregt wird. Metaphern scheinen besonders geeignet neue kognitive Schemata im Hirn anzulegen.

Lakoff und Johnson (2007) gehen weiter und legen dar, dass die gesamte Sprache weitgehend metaphorisch strukturiert ist. Metaphern können selbst auf die Syntax eines Satzes angewandt werden, womit letztlich unser ganzes Denken, unsere gesamte Sprache in gewissem Sinn metaphorisch strukturiert ist.

Wenn die Sprache metaphorisch geprägt ist, dann können Metaphern Wirklichkeiten konstruieren und damit nicht nur unser Denken, sondern auch unser Fühlen und Handeln beeinflussen. „Metaphern können für uns Realitäten schaffen, vor allem soziale Realitäten. Auf diese Weise kann eine Metapher Orientierung geben für unser zukünftiges Handeln. Solchermassen geleitetes Handeln passt natürlich zu der entsprechenden Metapher. Dadurch wird wiederum die Metapher in ihrer Fähigkeit gestärkt, unsere Erfahrungen kohärent zu machen. In dieser Hinsicht können Metaphern sich selbst erfüllende Prophezeiungen sein" (Lakoff und Johnson 2007, S. 179).

Illustrieren wir diese recht abstrakte Aussage mit einem Beispiel: Ein Außendienstmitarbeiter spricht davon, dass die Verwaltung keine Ahnung vom Thema habe. *Er* sei es schließlich, der tagtäglich *an der Front* arbeite. Mit dieser metaphorischen Vorstellung wird er seine tägliche Arbeit oftmals als Kampf empfinden, den er zu gewinnen versucht. Es wird in seiner Arbeit, seiner Zusammenarbeit mit der Verwaltung, um Sieg oder Niederlage gehen. Seine Schwierigkeiten zeigen sich in der verwendeten Metapher und werden gleichzeitig durch sie begünstigt. Die Aufgabe von Beratung könnte hier darin bestehen, diese Metapher zu erkennen und neu zu gestalten, ihr etwa eine andere Metapher oder Geschichte gegenüber zu stellen.

Erzählt der Berater/die Beraterin eine metaphorische Geschichte, so wird der Klient/die Klientin diese Geschichte mit dem eigenen Denkmodell vergleichen und Ableitungsversuche initiieren, um dem Gesagten einen Sinn geben zu können (vgl Gordon 1986, S. 25 ff.).

Eine Lehrerin erzählte mir, wie ihre Motivation in der täglichen Arbeit mit den Kindern sinke. Sie habe langsam satt, seit Jahren immer wieder mit den gleichen Problemen und Fragen konfrontiert zu sein.
Ich hatte zuvor an diesem Tag ein Auto gekauft und war miserabel bedient worden. Ich erzählte der Klientin davon. Von meiner Enttäuschung. Von meinem Anspruch, als individueller, wertvoller Kunde wahrgenommen zu werden. Auch wenn der Verkäufer schon anderen Kunden vor mir viele andere, sicher auch wesentlich teurere Autos verkauft hatte.
Das Verkaufen von Autos war eine Metapher für das Vermitteln des Schulstoffes. Die Lehrerin wurde durch meine Geschichte angeregt, sich Gedanken darüber zu machen, wie sehr sie sich als Dienstleisterin von zahlenden Kunden verstand. Was Professionalität in verschiedenen Berufen zu bedeuten hatte. Kurz: Wie sehr die Metapher auf ihre Situation stimmte, wie sehr sie sich als frustrierte Autoverkäuferin verstehen konnte oder warum sie das nie werden wollte.

Zentral für gelingende Metaphern ist, dass Metapher und reale Situation tatsächlich gleichartig strukturiert sind, das heißt, dass die Relation ihrer einzelnen Parameter in der Metapher beibehalten wird. Im obigen Beispiel sollte das Verhältnis von Verkäufer – Kunde – Auto möglichst gleichartig strukturiert sein wie das Verhältnis von Lehrerin – Schüler – Schulstoff. Sind die Differenzen zu groß, wird die Metapher nicht funktionieren.

Diese Gleichartigkeit der Relation bezeichnet man als *Isomorphie* (vgl. Gordon 1986).

Schauen wir nochmals auf die Geschichte mit meinem Sohn: Die starke Isomorphie zur Geschichte des Kliententeams war es wohl, die mir die Begebenheit mit meinem Sohn wichtig erscheinen ließ. Beim Team war da die Enttäuschung mit ihrem geistig zurückgebliebenen Klienten, bei mir meine Enttäuschung mit dem Zweijährigen. Da die einzelnen Parameter in den beiden Situationen ganz ähnlich zu einander stehen, war es auch möglich, dank dieser Metapher das Verständnis der Situation zu erweitern: Bald kam die Sprache auf den effektiven Entwicklungsstand des Behinderten, bald auf sein Liebesbedürfnis. Man erzählte sich, wie er am liebsten auf den Schoss genommen werden würde. Dass man seine Bedürfnisse so ernst nehmen konnte wie die Bedürfnisse eines Zweijährigen. Und dass er seine Bedürfnisse, wie ein Kind, immer sofort erfüllt haben wollte. Wie gingen die anwesenden Eltern bei ihren kleinen Kindern mit diesen Themen um? Wie konnte dies das Team mit dem Klienten tun? Diese Erweiterung des Problemverständnisses und die daraus folgenden Lösungsansätze waren durch den Vergleich mit meinem zweijährigen Sohn aufs Tapet gebracht worden.
Ich hatte diese Erweiterung des Themas nicht vorhergesehen oder geplant, sie war im Dialog über meine Geschichte gemeinsam entstanden.

Geschichten und Metaphern ermöglichen die Situation nicht nur zu paraphrasieren sondern können sie erweitern oder das Klientensystem irritieren.

Es ist durchaus anspruchsvoll, die Isomorphie zwischen gefundener Metapher und bestehender Situation schnell zu beurteilen. Meist lohnt es sich, die Metapher auszuprobieren, sie dem Klienten/der Klientin zur Verfügung zu stellen. Wenn sich jedoch die „Übersetzung" der Metapher in die reale Situation nicht fast wie von alleine ergibt, sollte man es lieber bleiben lassen und den Mut haben, die Metapher auch wieder fallen zu lassen.

Eine gefundene Metapher, und tönt sie noch so großartig, auf Biegen und Brechen auf das Klientensystem übertragen zu wollen, ist zum Scheitern verurteilt. Es blockiert den gesamten Beratungsprozess und ist am Ende in keiner Art positiv wirksam.

Eine Lehrerin klagte in einer Beratungssitzung, sie unterrichte manche Fächer schlecht und möge diese Lektionen auch nicht besonders. Sie frage sich, was zuerst gewesen sei: Ihre Abneigung oder die schlechten Lektionen. Was war Ursache und was war Wirkung? Darauf erzählte ich ihr sinngemäß die Geschichte ‚Erfolg' von Bert Brecht (1971, S. 35).

In der Geschichte sagt ein Mann zu Herrn Keuner, dass eine vorbeigehende Schauspielerin Erfolg gehabt habe, weil sie so schön sei. Herr Keuner entgegnet, sie sei vielmehr so schön, weil sie Erfolg gehabt habe.

Die Lehrerin war sichtlich irritiert, die Geschichte wirkte deplatziert und unsinnig. Vielleicht war die Isomorphie der Metapher zu schwach, vielleicht die Geschichte zu kompliziert. Eigentlich spielte es auch keine Rolle. Die Hauptsache war, dass ich die Geschichte sofort fallen ließ und nicht weiter versuchte mit dieser Metapher zu arbeiten.

▶   Metaphorische Geschichten können die Problemsicht kreativ erweitern. Wesentlich ist dabei die Isomporphie zwischen Metapher und realer Situation.
      Geschichten und Metaphern stellen sich meist zufällig ein. Wenn sie beim Gegenüber keine Resonanz finden, sollten sie in der Regel so schnell wie möglich fallen gelassen werden.

In Coachings entstehen Metaphern oder metaphorische Geschichten meist zufällig.

Es stellt sich die Frage, wie weit Metaphern, wenn die Thematik bekannt ist, im Vorfeld einer Sitzung bereits vorbereitet werden können (vgl. Kap. 5.3).

Gerade im Therapiebereich ist solches Vorgehen durchaus üblich. Gordon (1986) beispielsweise macht sich Metaphern gezielt für die Therapie zu Nutze und zeigt auf, wie ‚Therapeutische Metaphern' gezielt vorbereitet und eingesetzt werden können.

Manchmal genügt es aber einfach auch, Metaphern und Geschichten des Gegenübers aufzunehmen und weiter zu verwenden. Sprachlich bleibt der Berater/ die Beraterin damit sehr anschlussfähig.

Eine Klientin erzählte mir begeistert, wie sehr ihr die neue Arbeitsstelle gefalle. Sie sei richtiggehend verliebt in ihre neue Stelle.
Im Coaching sprach sie anschließend davon, wie wundervoll die erste Verliebtheit doch ist. Dass aber auch ein Alltag einkehren würde, und dass wir vorsichtig sein sollten, wenn uns Liebe blind macht.

Teams können sich mit einer Metapher auch eine gemeinsame Basis, einen gemeinsamen Wortschatz für Diskurse schaffen. Statt über einen komplexen oder sehr persönlichen, vielleicht auch problematischen Sachverhalt zu reden, lässt sich in den Worten einer Metapher reden. Statt beispielsweise über das eigene Gruppengefüge zu reden, spricht man über das Funktionieren der Maschine „Team" – über Zahnräder und Schmiermittel, über Zuverlässigkeit und Reparaturen.

An einer Weiterbildungsveranstaltung verhielten sich die Teilnehmenden sehr ruhig. Nie gab es irgendeine kritische Bemerkung oder eine Nachfrage. Nach einer Weile irritierte mich als Referent diese Passivität zunehmend und ich konnte sie nicht einordnen. So fragte ich nach, ob diese Zurückhaltung etwas zu bedeuten habe, ob die Gruppe mit dem Vorgehen so einverstanden sei.
Darauf antwortete eine Teilnehmerin mit einer metaphorischen Geschichte: Sie erzählte, dass ihre Großmutter beim Essen jeweils den schweigenden Großvater fragte, ob das Essen denn nicht recht sei. Dieser pflegte zu sagen: „Ich sag's dann schon, wenn's nicht recht ist." Die Teilnehmerin meinte, sie sei also zufrieden mit dem Vorgehen und melde sich dann schon, wenn's nicht recht sei.
Diese metaphorische Geschichte nahm ich auf und fragte in den folgenden Sequenzen manchmal, ob die Gruppe hungrig sei, ob heute mild oder scharf, nach Hausmannsart oder ganz exotisch gekocht werden sollte, usw.

▶   Metaphern schaffen einen gemeinsamen Wortschatz mit dem (problematische) Themen aus einer gewissen Distanz diskutiert werden können.

3.6   Zusammenfassung

Eigentlich erzähle ich alles mir selbst.
Bernhard Schlink

Geschichten sprechen Emotionen an. Sie sprechen die Sprache des limbischen Systems und entwicklungsgeschichtlich älterer Gehirnbereiche. Sie sprechen die Zuhörenden sehr direkt an und fordern sie heraus, Position zur Geschichte zu beziehen.

Eine Erzählung besteht zumindest aus einem Sinnzusammenhang mit Anfang, angestrebtem Ziel und Plot. Für die Glaubwürdigkeit einer Geschichte ist ihre Strukturierung entscheidender als der Inhalt. Ein Ziel kann unterschiedlich bewertet werden.

Eine Geschichte zu erzählen kann für den Erzähler/die Erzählerin entlastend wirken. Zu Beginn der Erzählung kündigt er/sie die Erzählung an und prüft damit die Rezeptionsbereitschaft der Zuhörenden.

Dies ist in unserem Zusammenhang besonders relevant, da hier im Grunde nicht die Erzählung *des Beraters/der Beraterin* gefragt ist.

Häufig sind Erzählungen metaphorisch strukturiert. Das heißt, sie drücken eine Sache in den Begriffen einer anderen aus. Die Personen, Dinge und Zusammenhänge in einer Geschichte stehen für andere Personen, Dinge und Zusammenhänge.

Diese Metaphorik eröffnet zahlreiche Möglichkeiten und Chancen im Beratungszusammenhang.

Wie Geschichten wirken

4

Interventionen sind ein bewusstes, theoriegeleitetes und zielgerichtetes Dazwischentreten. Wenn wir mit einer Erzählung intervenieren, müssen wir also über einen theoretischen Hintergrund und über ein Wirkungsziel verfügen.

In den vorangehenden Kapiteln haben wir gesehen, welche erkenntnistheoretischen Annahmen dem Erzählen zu Grunde liegen. Wir haben mit einigen erzähltheoretischen Überlegungen Charakteristika von Erzählungen festgestellt. Zum Thema Metaphern haben wir bereits einige mögliche Wirkungsziele – die kreative Erweiterung der Sichtweise und das Schaffen einer gemeinsamen sprachlichen Basis – skizziert.

Es stellt sich nun die Frage, welche weiteren Wirkungsziele Geschichten als Interventionsform verfolgen können. Was wollen Berater/innen damit erreichen?

Davon handelt dieses Kapitel.

Grundsätzlich kann eine Geschichte als imaginative Beratungstechnik gesehen werden und hat entsprechende Vorteile: „Imaginative Techniken bereichern den Coachingprozess, indem sie innere Bilder in den Beratungsprozess einbeziehen. Dadurch wird der Kontakt zum Unbewussten möglich. Wissen, Lösungen und Erkenntnisse treten zutage, die rein mit dem Verstand, also aus der Quelle des Bewusstseins schöpfend, kaum oder nur mühsam hätten erarbeitet werden können" (Larro-Jacob 2007, S. 70).

Geschichten zu erzählen kann aus unterschiedlichen Gründen wesentlich wirkungsvoller sein als jemanden mit guten Argumenten zu neuen Einsichten oder Sichtweisen bewegen zu wollen. Gergen (2002, S. 199 ff.) folgend lassen sich drei grundsätzliche Vorteile des Geschichten Erzählens gegenüber abstrakter Argumentation nennen:

© Springer Fachmedien Wiesbaden 2016
D. Duss, *Storytelling in Beratung und Führung,*
DOI 10.1007/978-3-531-19783-8_4

1. Geschichten sind leicht verständlich. Wir kennen seit unserer Kindheit Geschichten. Sie sind uns leichter zugänglich als abstrakte Argumente.
2. Geschichten fördern die Beteiligung der Zuhörenden. Wer eine Geschichte hört, stellt sich Bilder vor, lässt sich mitreißen.
3. Persönliche Geschichten führen eher zu Akzeptanz, da man die Erfahrung des Gegenübers nicht einfach bestreiten kann. Abstrakte Prinzipien hingegen fordern zur Gegenargumentation, zum Widerstand, heraus.

Als es darum ging, Leute für die Schaffung von neuen Ausbildungsplätzen zu gewinnen, präsentierten wir nicht in erster Linie eine lange Liste mit vielen analytischen Argumenten. Stattdessen ließen wir bereits aktive, erfolgreiche Ausbildner/innen ihre Geschichten erzählen.

Geschichten sind, wie wir festgestellt haben, leicht verständlich und finden den Zugang zu den Klienten/Klientinnen oftmals einfacher. Doch mit welchem Ziel? Was können die Geschichten des Beraters/der Beraterin im Coachingprozess beim Klienten/bei der Klientin bewirken?

Im Folgenden stelle ich einige grundlegende Wirkungsziele dar. *Geschichten als kreative Erweiterung der Problemsicht* und *Geschichten als gemeinsame, sprachliche Basis* habe ich als mögliche Wirkungen in Kap. 3.5 bereits ausgeführt.

In der Regel verfolgen Geschichten meist mehrere der erwähnten Wirkungsziele gleichzeitig.

4.1   Geschichten als Konnotation von Wirklichkeit

Nicht die Dinge selbst beunruhigen die Menschen, sondern die Meinungen und Urteile über die Dinge.
Epiktet

Häufig ist es nicht die Situation, die uns Schwierigkeiten bereitet, sondern die Bedeutung, die wir der Situation geben. Es ist nicht die Wirklichkeit an sich, die uns beunruhigt, sondern deren Konnotation.

Ein Kliententeam besprach jeweils vor unserem Coaching-Termin, welches Problem sie mit mir im Coaching bearbeiten wollten. So war ihnen jeweils vor unserem Treffen bereits sehr klar, was ihr Problem war und wer es vorstellen würde. Auch weil mir das Arbeitsgebiet des Teams ziemlich fremd war, fragte ich zu Beginn des Coachings jeweils viele Dinge aus der Problemschilderung nach. Ich verstand das Problem tatsächlich nicht. Das Team erzählte mir später, die Hälfte ihrer Probleme würde sich jeweils in der ersten halben Stunde des Coachings lösen, wenn ihnen durch mein Nachfragen klar werde, dass sie gar kein Problem hätten. Oder aber ein ganz ande-

res. Ihre Situation veränderte sich durch mein Nachfragen nicht, aber die Bedeutung, die sie ihr zumassen.

Wenn es also so ist, dass Situationen durch unsere Bedeutungszuschreibungen problematisch werden, dann ist für uns von Interesse, wie Menschen diese Zuschreibungen vornehmen.

Situationen und Handlungen erhalten ihren Sinn im Dialog (vgl. Kap. 2.2). Geschichten und Selbstnarrationen sind entsprechend äußerst sinnstiftend. Sie bilden eine wesentliche Konnotation der Wirklichkeit.

Man könnte sagen: Ich bin, was ich von mir erzähle.

Auf dieser Annahme bauen auch narrative Therapieformen auf: „Narrative Therapie gründet in der Idee, dass sich therapeutische Dialoge als gemeinsame Erzählvorgänge verstehen lassen, die hilfreiche Unterschiede im Leben, Zusammenleben und Problemlösungshandeln erzeugen " (Grossmann 2000, S. 16).

Narrative Sicht- und Vorgehensweisen zeichnen sich in diesem Zusammenhang unter anderem dadurch aus, dass sie unterschiedliche, subjektiv immer sinnvolle, Konnotationen der Wirklichkeit voraussetzen. Sie stellen dem Klienten/der Klientin Deutungsalternativen anstelle von Lebensweisheiten des Beraters/der Beraterin zur Verfügung. Geschichten können so oder anders ausgehen, können so oder anders verstanden werden. Sie sind, wie wir gesehen haben, nicht absolut, sondern gewinnen ihre Bedeutung erst im Suchprozess des Zuhörers/der Zuhörerin. Es entstehen Deutungsalternativen, die immer den Selbstwert aller Personen wahren (vgl. Kriz 1997, S. 125).

Eine Klientin sagte mir, es falle ihr in bestimmten Situationen immer wieder ein Satz aus einer Geschichte ein, die ich mal erzählt hätte. Ich erinnerte mich zwar an die Geschichte, nicht aber an den besagten Satz. Er war mir beim Erzählen offenbar nicht wesentlich gewesen, hatte aber im Suchprozess der Klientin seine Bedeutung gewonnen.

Erfährt die problematische Situation eines Klienten/einer Klientin eine neue Deutung, so wird von *Umdeutung* oder *Reframing* gesprochen. Dies kann wie gesagt beispielsweise durch das Erzählen einer Geschichte geschehen. Die Technik der Umdeutung findet sich etwa im NLP (Neurolinguistisches Programmieren) oder in strategischer Kurzzeittherapie. Die Umdeutung „ändert nicht etwa die Art, wie ein Mensch die Wirklichkeit wahrnimmt, sondern die Bedeutung, die er ihr zuschreibt: (…) Wie wir bereits mehrmals wiederholt haben, wird die Wirklichkeit einer Person von ihrer Beobachtungsweise bestimmt. Ändert sich diese, so ändert sich auch die ‚Wirklichkeit'" (Watzlawick und Nardone 1994, S. 68).

Ein Kliententeam brachte in einem Coaching ihre Probleme mit einem Bewohner zur Sprache, der kurz vor seinem Umzug in eine andere Wohngruppe stand und nun begann zerstörerisch zu wirken. Nichts war ihm mehr recht und er wagte sich nun scheinbar – jetzt da er bald nicht mehr auf seine Betreuer/innen angewiesen sein würde – seine wahre Meinung zu sagen. Und die war vernichtend. Mein Kliententeam war betroffen, da die Arbeit mit diesem Bewohner bisher ganz gut geklappt hatte und sie gedacht hatten, ihre Beziehung zu ihm wäre recht tragend. Jetzt schienen sie erkennen zu müssen, dass alles ganz anders gewesen war und der Bewohner bisher, vielleicht aus Angst vor Sanktionen, nicht offen zu ihnen gewesen war. Ich erzählte dem Team eine Stelle aus Dürrenmatts „Die Physiker" (vgl. Kap. 8.8). Möbius jagt darin seine Frau und Kinder, die sich von ihm verabschieden wollen, zum Teufel. Er tut es, um ihnen den Abschied einfacher zu machen. Seine ausfällige Art ist eigentlich ein Zeichen tiefer Liebe. Dies wurde im Coaching nun zum Thema. Das Kliententeam hatte noch immer eine schwierige Situation mit ihrem Bewohner. Sie mussten weiter nach einem Umgang mit seiner Aggression suchen. Aber sie gaben seinem Verhalten eine andere, wesentlich positivere Bedeutung. Sein Verhalten war, pointiert ausgedrückt, keine Abrechnung mehr, sondern ein Liebesbeweis. Und selbstverständlich dennoch nicht tolerierbar. Die Konnotation der Wirklichkeit, und damit auch die Wirklichkeit selber, hatte sich für das Team wesentlich verändert.

Die neue Bedeutungszuschreibung kann also von einer metaphorisch gleich strukturierten Geschichte des Beraters/der Beraterin ausgehen.

Bei Teams kann die Geschichte natürlich auch von einem Teammitglied stammen.

Bei der Arbeit mit Gruppen von Lehrpersonen, die neu im Beruf sind, mache ich immer wieder die Erfahrung, wie entlastend es für Berufseinsteiger/innen ist, von den disziplinarischen Schwierigkeiten anderer Lehrpersonen zu hören. Diese Geschichten lassen auch die eigenen Probleme im neuen Licht erscheinen, geben ihnen eine neue Bedeutung. Sie relativieren oder lassen die eigenen Geschichten besser einordnen. Die eigene Wirklichkeit, die eigene Geschichte verändert sich im Dialog.

Unsere Bedeutungszuschreibungen ändern sich in der Regel dann, wenn sie nicht mehr funktionieren. Solange sie sich aber selber bestätigen, behalten wir sie lieber bei, unabhängig davon, ob sie konstruktiv sind oder nicht.

Die Geschichte der fünf Affen (vgl. Kap. 8.10) illustriert dies schön: Nachdem es gefährlich war, bestimmte Bananen zu berühren, verbieten sich dies die Affen in Zukunft gegenseitig – auch wenn die Gefahr längst nicht mehr besteht.

Funktionierende Zuschreibungen verändern sich nur sehr schwerlich. Wir müssen dazu Veränderungen einführen, die leicht verständlich sind, Emotionen ansprechen und in gewissem Sinn wertschätzend gegenüber unserer bisherigen Bedeutungszuschreibung sein.

Niemand gesteht sich schließlich gerne ein, dass er/sie bisher mit seiner/ihrer Meinung völlig falsch lag.

Geschichten zu erzählen eignet sich daher besonders gut, um Konnotationen von Wirklichkeit verändern zu können: Geschichten sind leicht verständlich, sprechen Emotionen an und sind genug weit von uns weg, um uns und unser bisheriges Denken nicht gänzlich in Frage zu stellen.

Dass es manchmal einfach notwendig ist, die eigenen Bedeutungszuschreibungen zu verändern, zeigt auch die folgende Geschichte (Quelle unbekannt):

Die deutsche Bundesmarine war auf hoher See. Plötzlich ein einzelner Punkt auf dem Radarschirm. ,Sagen Sie dem Schiff, es soll seinen Kurs um 15 Grad ändern!' befahl der Admiral. Der Funker tat, wie befohlen, empfing aber postwendend den Funkspruch: ,Sie ändern Ihren Kurs um 15 Grad!' – ,Sagen Sie diesem Schiff, wir sind die deutsche Bundesmarine, und dass es seinen Kurs um 15 Grad ändern soll!' befahl der Admiral. Der Funker tat es. Wieder die Antwort: ,Sie ändern Ihren Kurs um 15 Grad!' Diesmal ging der Admiral selbst an das Funkgerät: ,Ich bin Admiral der deutschen Bundesmarine. Ändern Sie Ihren Kurs um 15 Grad!' Die Antwort: ,Sie ändern Ihren Kurs. Ich bin ein Leuchtturm!'

▶ Geschichten können die Bedeutungen, die Klienten/Klientinnen ihrer problematischen Situation zuschreiben, verändern.

4.2 Geschichten als Externalisierung

Phantasie ist nicht Ausflucht. Sich etwas vorstellen heißt, eine Welt bauen, eine Welt erschaffen.
Eugène Ionesco

„Wir leben und sterben in Erzählungen. Wenn Erzählungen nun tatsächlich so wesentlich für unser Leben sind, indem sie ihm eine Richtung und eine Ordnung geben und unsere Beziehungen strukturieren, dann ist das Leid der zu behandelnden Person nicht unabhängig von diesen Erzählungen…. In diesem Sinne ermöglicht erfolgreiche Therapie der Klientin oder dem Klienten, die Geschichte ihres Lebens neu zu schreiben." (Gergen 2002, S. 215)

Als eines der zentralen Mittel dieser Neuschreibung dient in verschiedenen Therapiemodellen die *Externalisierung* des Problemes. Das Problem soll vom Selbst des Klienten/der Klientin getrennt werden, es soll ihm ein Name gegeben werden. Ein Kind, das bettnässt, stellt sich das Bettnässen als ungebetenen Besucher in der Nacht vor. Es nennt ihn „Herr Nassebert". Es kann nun darüber nachdenken und reden, wie es Herrn Nassebert wieder los wird, wenn er nachts an der Tür klingelt (vgl. White und Epston 1998).

▶ Die Externalisierung lässt den Klienten/die Klientin Abstand zum Problem gewinnen und macht es damit bearbeitbarer.

Nicht nur metaphorische Namen, auch Geschichten können als Externalisierung wirken.

Wenn ein Problem nicht mehr als Teil der Person, sondern durch das Erzählen als Teil einer Geschichte verstanden wird, die im übrigen auch neu erzählt werden kann, dann kann in diesem Sinn von Externalisierung gesprochen werden.

Geschichten können also auch als Distanzierungshilfe zwischen Klient/Klientin und Problem verstanden werden: „Die Geschichte tritt vermittelnd zwischen den Patienten und seine Konfliktsituation; sie verhilft zu einer Einsicht, die über das Medium Geschichte leichter annehmbar ist. Geschichten haben oft eine erstaunliche Langzeitwirkung " (Dorst 2007, S. 116).

Von wem diese Geschichte im Coaching erzählt wird, ist nicht wesentlich. Geschichten des Beraters/der Beraterin weisen dabei von Beginn an eine größere Distanz zum Klientensystem auf. Sie mögen sich daher besonders eignen. Die Geschichte muss dabei allerdings für den Klienten/die Klientin äußerst gut annehmbar sein, damit die Externalisierung gelingen kann. Häufig dürfte dies mit einfachen Metaphern besser machbar sein.

In Projekten besteht die Gefahr dass die Beteiligten, ein Problem nur aus einer individuellen, immer gleichen Sichtweise betrachten. Als ich eine Institution bei ihrer Konzeptarbeit begleitete, erzählte ich die Geschichte der sieben blinden Mäuse (vgl. Kap. 8.16). Die Mäuse erkennen darin ein unbekanntes Ding erst als Elefanten, nachdem sie ihn von allen Seiten befühlt und beschnuppert haben. Jede Maus alleine ist einseitig und liegt damit in ihrer Wahrnehmung falsch. Ich erzählte die Geschichte in der Absicht, dass die Mitarbeitenden sich nicht persönlich als potentiell einseitig und betriebsblind einschätzten. Sie konnten dieses „Problem" den blinden Mäusen überlassen. Sollte die Gruppe während des Projektes Gefahr laufen, nur noch Teile der Situation zu erkennen, hätte ich sie nicht an irgendeine gemeinsame Abmachung erinnern müssen. Ich hätte sie nur an die blinden Mäuse zu erinnern brauchen.

4.3   Geschichten als Anker

Und Leben ist das, was man erzählen kann.
Peter Bichsel

Die Methode des *Ankerns* nach Bürgi (2004) ist hilfreich, wenn einem Klienten/ einer Klientin der gewünschte Zustand während der Beratungssitzung klar und verfügbar ist, es jedoch schwer fällt, diesen Zustand im Alltag wieder abzurufen. Durch die Technik des Selbst-Ankerns wird das positive Gefühl während der Beratungssitzung beispielsweise an einen Gegenstand geknüpft. Im Alltag reicht dann etwa der Griff an die Halskette, um den gewünschten Zustand zu reaktivieren (vgl. Bürgi 2004, S. 249 ff.).

Menschen erinnern sich, wie wir gesehen haben, in erster Linie an Geschichten, nicht an Fakten und Abmachungen. Es scheint mir daher sehr naheliegend, dass nicht nur Gegenstände sondern auch Geschichten als eine Art Anker dienen können.

Lassen Sie uns einen kurzen Exkurs in die Neurowissenschaften unternehmen: Das Prinzip des Ankerns hat im Grunde eine neurologische Grundlage. Das Hirn wird in neuronalen Netzwerken aktiv. Wenn wir etwa an einen Begriff denken, so aktivieren wir damit nicht nur eine bestimmte Hirnregion sondern ganze Netzwerke werden aktiviert. Je häufiger die Verbindungen benutzt wurden, je stärker die Erregungsmuster. So wird unsere Wahrnehmung massgeblich davon mitgeprägt, welche Erregungsmuster wir mit den erlebten Situationen verbinden. „Die Wahrnehmung wird aufgrund des als Gedächtnisinhalt bereitliegenden Erregungsmusters ‚konstruiert‘, wobei die tatsächlichen Umgebungsbedingungen gemeinsam mit den vorgebahnten Erregungsmustern auf die tatsächlich entstehende Wahrnehmung Einfluss nehmen" (Grawe 1998, S. 213).

Wie gesagt wirken diese Netze stärker, wenn sie häufiger aktiviert werden. Wir sehen, „dass unser Hirn so wird, wie wir es benutzen. Diejenigen Verschaltungen, die wir besonders häufig und erfolgreich aktivieren, um uns in der Welt zurechtzufinden, werden immer stärker ausgebaut" (Hüther 2001, S. 85).

In diesem Sinne hinterlässt jede Erfahrung eine positive oder negative Spur, eine Markierung, die wieder aktiviert wird, wenn Situationen aus diesem Netzwerk auftreten. Man spricht hier von somatischen Markern (vgl. Domasio 2001).

Diese somatischen Marker sind mit einer Beurteilung der Situation und damit einer Handlungsaufforderung verbunden. Domasio konnte nachweisen, dass diese neuronal abgespeicherten Erfahrungen handlungswirksam sind, selbst wenn sie von der Person selber nicht wahrgenommen werden.

Nun müssen diese neuronalen Schemata nicht jedes Mal tatsächlich durchlebt werden. Zur Stärkung der Verbindung genügt auch die blosse Erinnerung an die Handlung. Spitzensportler nutzen diese Erkenntnis ganz selbstverständlich mit mentaler Vorbereitung. Klavierschüler/innen im übrigen können ihr Spiel durch tägliches Erinnern an Bewegungsabfolgen signifikant verbessern – ohne je eine Taste zu berühren.

Wenn wir nun also eine Geschichte zu einem bestimmten Thema positiv besetzen, kann diese als somatischer Marker wirken. Da die Geschichte jederzeit beliebig oft „durchlebt" werden kann, kann die entsprechende Verbindung solange gestärkt werden, bis sie stärker als die vorhandenen negativen Marker wird. Kommen wir nun in eine problematische Situation, in deren neuronalem Netz auch die positiven Emotionen einer verankerten Geschichte erregt werden, kann uns die Geschichte bei der Bewältigung und Beurteilung der Situation entscheidend stärken.

Das Zürcher Ressourcenmodell beschäftigt sich mit der Frage, wie Menschen ihr Verhalten selber verändern können. (vgl. Storch und Krause 2011) Aufgrund der geschilderten Überlegungen arbeitet das Modell mit Erinnerungshilfen, welche die gewünschten Netzwerke aktivieren. Diese Erinnerungshilfen können Musikstücke, Pflanzen, Schmuckstücke oder was auch immer sein. Und es ist zu ergänzen: In ganz besonderer Weise sind Geschichten hierfür geeignet.

Für die Praxis lässt sich dieser neuronale Prozess der Erinnerungshilfen mit Bürgi treffend als „ankern" bezeichnen.

Ich mache die Erfahrung, dass Geschichten im Alltag tatsächlich hilfreich zur Seite stehen können. Geschichten als Erinnerungsstütze, als Kristallisationspunkt der eigenen Erwartungshaltung, der eigenen Überzeugung.

In Entscheidungssituationen scheint es mir persönlich manchmal, ich könne nur zwischen zwei Varianten entscheiden und beide seien für mich unannehmbar. Ich gerate unter Druck und sehe den kreativen, dritten Weg nicht mehr. Anstelle eines Merksatzes wie etwa „Schaue immer, ob nicht noch etwas ganz anderes möglich wäre!", ist für mich die Erinnerung an die Geschichte vom Mann im Stadtpark (vgl. Kap. 8.15) viel wirksamer. Der Mann im Stadtpark ärgert sich, dass es verboten ist, eine Wiese zu betreten. Auf der einen Seite kann er nun gegen dieses Verbot verstoßen und sich so strafbar machen. Oder er kann sich diesem ungeliebten Verbot beugen. Beide Möglichkeiten scheinen ihm furchtbar. Da plötzlich fällt ihm auf: Die Blumen sind wunderschön. Diese Geschichte erinnert mich in ebensolchen Situationen sehr wirkungsvoll an meine eigene Überzeugung und lässt mich nach „dem dritten Weg" suchen.

Anker wirken generell am zuverlässigsten, wenn sie vom Klienten/von der Klientin selbst gewählt wurden. Berater/innen können ihre Geschichten also als Anker zur Verfügung stellen, niemals aber verschreiben. Ich plädiere dafür, auch den Prozess des Ankerns weitgehend dem Klienten/der Klientin zu überlassen. Geschichten sollen ihrer persönlichen Bedeutung wegen wirken. Und nicht, weil in einem technischen Verfahren ein Gefühl zur Geschichte hinzu konditioniert wurde.

Geschichten, welche der Berater/die Beraterin erzählt, können sich als Anker auch deswegen gut eignen, weil sie die notwendige Distanz zum Klientensystem aufweisen. Die Erinnerung an eine solche Geschichte ist oftmals auch die Erinnerung an den Erzähler/die Erzählerin und die Erzählsituation. In schwierigen Situationen kann damit die Geschichte auch helfen, gedanklich Distanz zur Alltagssituation zu gewinnen.

Geschichten können so den Erkenntnissen aus dem Coaching eine Langzeitwirkung verleihen. Peseschkian (1979) spricht dabei treffend von einer *Depotwirkung*.

Geschichten können auch in der Arbeit von Führungskräften als Anker wirken. Eine gemeinsame Erkenntnis, eine im Hinblick auf das Unternehmensziel wesentliche Eigenschaft, kann über eine Geschichte den Mitarbeitenden präsent bleiben.

Ein Teamleiter wollte die Zusammenarbeit in seinem Team stärken. Die Mitarbeitenden sollten sich vermehrt Arbeiten abnehmen und sich gegenseitig unterstützen. Zur Versinnbildlichung erzählte er das Märchen aus Russland, in dem ein Mann darum bittet, Himmel und Hölle zu sehen. Im ersten Raum erblickt er Leute, die um einen Topf mit bester Suppe stehen, doch alle sind ganz abgemagert und unglücklich. Er sieht, sie haben so lange Löffel, dass sie sich damit gar keine Suppe zum Mund führen können. Das ist die Hölle. Im zweiten Raum sieht alles genauso aus: Topf, Suppe, lange Löffel. Nur sind die Menschen satt und glücklich. Der Mann wundert sich und sieht dann: Die Menschen geben mit ihren langen Löffeln dem Gegenüber zu essen. Das ist der Himmel. Mit dieser Geschichte stellte der Teamleiter den Mitarbeitenden einen Anker für das vereinbarte Ziel der Zusammenarbeit zur Verfügung. Um die Geschichte im Alltag noch einfacher abrufbar zu machen, hängte er einen 2 m langen Löffel in das gemeinsame Büro.

▶ Geschichten können Erkenntnisse im Alltag einfacher abrufbar machen.

4.4 Geschichten als Quelle der Selbstwirksamkeitserwartung

Verbringe nicht die Zeit mit der Suche nach einem Hindernis. Vielleicht ist keines da.
Franz Kafka

Bandura prägte den Begriff der *Selbstwirksamkeitserwartungen*. Sie sind zentraler Bestandteil seiner Lerntheorie.

Sie bezeichnen die eigene Erwartung, eine spezifische Situation, oder entsprechende Situationen ganz generell, erfolgreich meistern zu können. Im Sinne sich selber erfüllender Prophezeiungen, „self fulfilling prophecies", meistern Menschen mit hoher Selbstwirksamkeitserwartung solche Situationen tatsächlich erfolgreicher.

Und darum geht es in Beratungssituationen im Wesentlichen: Beratungen können kaum je Probleme objektiv lösen. Aber sie können die individuelle Handlungsfähigkeit des Klienten/der Klientin erhöhen. Coaching zielt letztlich vorallem auf die Steigerung der Selbstwirksamkeitserwartungen des Klienten/der Klientin (vgl. Dehn 2008, S. 171).

In Beratungssitzungen ergeht es mir manchmal selber so, dass ich unweigerlich denke, das geschilderte Problem sei tatsächlich schier unlösbar und eigentlich kaum bearbeitbar. Im schlimmsten Fall drohe ich in Handlungsunfähigkeit zu verfallen. Am liebsten würde ich mich zu den Klienten/Klientinnen setzen und mitjammern. Was mir in diesen Situationen helfen kann, ist nicht in erster Linie das Fachwissen aus einer mehrjährigen Beraterausbildung. Es ist meine persönliche Erwartung, dass ich das meistern werde.

Was ermöglicht nun im Beratungssetting die Steigerung von Selbstwirksamkeits-erwartungen beim Klienten/der Klientin? Es können nach Dehn (2008, S. 174) vier Quellen genannt werden:

a. Eigene Erfahrungen
b. emotionale Aktivierung
c. Beobachtung Anderer und
d. sprachliche Kommunikation.

Werden Geschichten als Intervention eingesetzt, so sind *drei* dieser vier Quellen wirksam: Geschichten fördern, wie wir gesehen haben, die *emotionale Aktivierung* des Klienten/der Klientin (vgl. Kap. 3.1); er/sie kann modellhaft *Erlebnisse „signifkant Anderer" kennenlernen* und schließlich kann die Selbstwirksamkeitserwartung *im Gespräch* gesteigert werden.

Die Erfolgsgeschichte des Beraters/der Beraterin kann dabei durchaus als Modell für die eigene Geschichte dienen. Der Klient/Die Klientin kann am Erfolg stellvertretend teilhaben. Die Literatur beschreibt das Phänomen als *stellvertretende Verstärkung* (vgl. Krapp und Weidenmann 2001, S. 158 ff.).

Dabei können die Geschichten des Beraters/der Beraterin günstige Kausalattributionen repräsentieren. Das heisst, die erfolgreiche Bewältigung der Aufgabe wird in der Geschichte tatsächlich als Folge von geeignetem Verhalten und nicht als Zufall beschrieben. Diese günstige Attribution mögen dann Klienten/Klientinnen für ihre eigenen Geschichten auch übernehmen.

Diese geschilderte Funktion von Geschichten kann insbesondere für Führungskräfte relevant sein. Einerseits können Mitarbeitende an den Erfahrungen ihrer Vorgesetzten lernen. Und wenn sie andererseits in Erzählungen erfahren, dass ihre Arbeit tatsächlich ein kausaler Grund für den Erfolg der Abteilung ist, so steigert das ihre Selbstwirksamkeitserwartung, und damit ihre Arbeitsleistung, wesentlich.

Nicht selten haben Berufseinsteiger/innen im Lehrberuf disziplinarische Schwierigkeiten in der Klasse. Sie suchen nach erfolgreichen Methoden, wie sie sanktionieren und belohnen können. Immer wieder machte ich bei der Arbeit mit diesen Lehrpersonen die Erfahrung, dass es für sie hilfreich war, meine persönliche Geschichte mit der Thematik zu hören. Nicht, weil ich eine funktionierende Lösung für ihr Problem gehabt hätte. Aber die Lehrpersonen konnten an meinem Beispiel sehen, dass es auch mit großen disziplinarischen Schwierigkeiten im ersten Berufsjahr durchaus möglich ist, einen individuellen und erfolgreichen Weg mit der Thematik zu finden. Meine Geschichte bot Ihnen keine Lösung, aber die Möglichkeit, die eigene Selbstwirksamkeitserwartung zu erhöhen.

▶ Die persönliche (Erfolgs)Geschichte des Beraters/der Beraterin zu hören, kann die Selbstwirksamkeitserwartung des Klienten/ der Klientin effektiv erhöhen.

4.5   Geschichten als Möglichkeit des Beziehungsaufbaus

Man sollte nie jemand etwas erzählen. Sonst fangen sie alle an, einem zu fehlen.
Jerome D. Salinger

Für jedes Gelingen von Beratung ist die Art der Beziehungsgestaltung von entscheidender Bedeutung. Zwar geht es im Beratungskontext um eine Arbeitsbeziehung. Dennoch ist eine Offenheit, eine Bereitschaft sich zu zeigen, von Berater/in wie auch Klient/in gefordert. Nur so kann echte Betroffenheit entstehen und damit auch eine Begegnung, die im Hinblick auf die Zielerreichung wesentlich ist (vgl. Bürgi 2004, S. 55 ff.).

Berater/innen setzen auf der einen Seite in professioneller Weise und zielgerichtet Beratungsmethoden ein. Sie tun, was sie tun, weil sie damit ein bestimmtes Ziel erreichen wollen. Sie können ihr Vorgehen methodisch klar begründen.

Auf der anderen Seite aber gehört es genauso zur Professionalität von Beratern/ Beraterinnen, dass sie echte Begegnung zulassen und fördern. Es soll im Coaching spürbar werden, dass es um Wesentliches und Menschliches geht. Diese Prozesse sind deutlich weniger steuer- und planbar.

Zur wirklichen Professionalität braucht es beides: Das methodische Tun und die echte Begegnung. „Fachliches Handeln allein vermag nur zu *bewirken, berührt* den Menschen aber nicht" (Bürgi 2004, S. 59).

Geschichten berühren. Insbesondere im Erzählen persönlicher Geschichten öffnet sich der Erzähler/die Erzählerin, fordert das Gegenüber unausgesprochen auf, am eigenen Leben teilzuhaben. Wer seine eigene Geschichte als Intervention benutzt, öffnet sich, sofern die Geschichte echt ist, immer auch ein Stück weit als Mensch. Geschichten zu erzählen provoziert die echte Begegnung geradezu, die für die Beratung so wichtig ist.

Dem verwandt ist die Frage nach den Bedingungen einer helfenden Beziehung: Berater/in und Klient/in sind zu Beginn eines Coachings in einem *Statusungleichgewicht.* In unserer Gesellschaft wird es oftmals noch immer als Schwäche gewertet, Hilfe zu suchen.

So fühlen sich Klienten/Klientinnen oft „unten" und reagieren darauf möglicherweise mit Widerstand oder Unterwerfung. Berater/innen geraten in Versuchung, sich „oben" zu fühlen und geben sich zu wissend oder fürsorglich.

Es ist also eine wesentliche Aufgabe der Prozessberatung, ein Statusgleichgewicht zwischen Klient/in und Berater/in zu schaffen. Nur so kann eine *helfende
Beziehung* entstehen (vgl. Schein 2010, S. 52 ff.).

Geschichten zu erzählen ist ein sehr geeignetes Mittel, dieses Statusgleichgewicht herzustellen: Der Klient/Die Klientin ist sonst während der Beratung im
Grunde dauernd in der Rolle des Erzählers/der Erzählerin und öffnet sich. Für einen
Moment übernimmt der Berater/die Beraterin diese Rolle, erzählt eine Geschichte
und öffnet sich ebenfalls. Ein Gleichgewicht entsteht. All das gilt in besonderer
Weise auch für hierarchische Beziehungen, in denen das Statusungleichgewicht
institutionell angelegt ist.

> ▶ Wenn Berater/innen eigene Geschichten erzählen, kann dies den
> Beziehungsaufbau stärken und das erforderliche Statusgleichgewicht
> herstellen.

Beim Beziehungsaufbau ist selbstverständlich darauf zu achten, dass die notwendige professionelle Distanz gewahrt bleibt. Es braucht Begegnung. Aber auch Distanz. Diese Frage stellt sich insbesondere für Führungskräfte.

*Nach zwei Jahren Unterbruch rief ich ein Team zu erneutom Coachings Bald wurde ich
gefragt, wie es unseren Kindern mittlerweile gehe, ob sich mein Auge damals noch vollständig erholt habe. Ich fragte nach, wie es jenem Klienten ergangen sei und ob diese
Mitarbeiterin wieder vollständig gesundet sei. Offenbar hatten sich Geschichten in uns
festgesetzt, die damals über eine schlichte Problemlösung hinaus gegangen waren.
Geschichten, deren Fortgang uns vital interessierte. Wir waren uns begegnet. Und doch
standen nach kurzer Zeit einzig die aktuellen beruflichen Fragestellungen des Teams
wieder im Zentrum. Wir hatten auch die nötige, professionelle Distanz gewahrt.*

4.6   Geschichten als indirekte Mitteilung

kein wort bleibt auf dem andern
Dieter Fringeli

Berater/innen erzählen häufig eine Geschichte um dem Klienten/der Klientin indirekt etwas mitzuteilen, eine Botschaft zu übermitteln. Geschichten werden als
Transportmittel für mehr oder weniger explizierbare Mitteilungen verstanden.

„Diese Strategie erlaubt dem Therapeuten das Übermitteln von Mitteilungen an den Patienten, indem er die indirekte Form von Projektionen und Identifikationen ausnutzt, die die meisten Menschen beim Anhören einer Erzählung erleben. Diese Technik verringert Widerstand, da der Patient nichts tun muss und weder seine Meinung noch sein Verhalten kritisiert werden. Die eigentliche Mitteilung wird als Metapher getarnt übermittelt." (Watzlawick und Nardone 1994, S. 78)

In der Psychotherapie wurden Verfahren zum Konstruieren solcher metaphorischer Geschichten entwickelt; entsprechende Geschichtensammlungen, geordnet nach den jeweiligen Veränderungszielen des Klienten/der Klientin, sind greifbar (vgl. Lankton 1994). Hier werden also gewünschte Veränderungsziele in Geschichten ‚verpackt'. Nach ähnlichem Prinzip funktionieren auch hypnotherapeutische Vorgehensweisen (vgl. Schmidt 2005).

Viele dieser Methoden, die Geschichten als Transportmittel einer Mitteilung verstehen, beziehen sich explizit auf die Lehrgeschichten von Milton H. Erickson. Schon bei Ericksons Methode wurde der Vorteil indirekter Mitteilung hervorgehoben: „Eine bittere Pille wird leichter geschluckt, wenn sie in einer süßen Hülle steckt. (…) Geistige Führung und Leitung werden annehmbar, wenn sie in eine Geschichte eingebettet sind, die spannend, unterhaltend und interessant erzählt wird" (Rosen 1994, S. 27).

Die Lehrgeschichten von Erickson stehen in einem therapeutischen Zusammenhang und zielen häufig auch auf das Unbewusste des Menschen. Erickson versetzte die Patienten/Patientinnen dazu in Trancezustand, was in unserem Zusammenhang weniger von Bedeutung ist. Interessanter ist die Form der Wirkung: „Die Wirkung seiner Geschichten ist vergleichbar mit dem ‚Glühen', das man vielleicht empfindet, wenn man einen guten Film gesehen hat. Während des Films passiert es vielen von uns, dass wir in einen veränderten Bewusstseinszustand übergehen. Wir (…) verlassen den Film sozusagen ‚trance-formiert'. Dieses Gefühl hält jedoch nur eine kurze Zeit an (…). Im Gegensatz dazu spüren die Menschen noch viele Jahre später den Einfluss einer Ericksonschen Geschichte" (Rosen 1994, S. 29).

Ich würde dies, etwas weniger leidenschaftlich, als Form der Selbst-Ankerung bezeichnen (vgl. Kap. 4.3).

Mitteilungen indirekt als Geschichte zu vermitteln, verringert Widerstände – keine Frage. Daher wird diese Technik oftmals verwendet, um Unangenehmes mitzuteilen. Hat etwa der Berater/die Beraterin die Hypothese, der Klient/die Klientin reagiere im Berufsalltag ausgesprochen überempfindlich auf problematische Situationen, so kann er dies – statt direkt anzusprechen – auch mit einer persönlichen Geschichte der eigenen Überempfindlichkeit in anderen Situationen indirekt ansprechen.

Mit dieser Technik können etwa Hypothesen überprüft, Handlungsalternativen eingebracht und Themen tangential angesprochen werden. Will der Berater/die Beraterin jedoch einen konkreten Ratschlag vermitteln, soll dieser auch direkt und offen mitgeteilt werden.

Ich meine, wenn Berater/innen einen ganz konkreten Inhalt mit einer Geschichte vermitteln wollen, sollen sie dies transparent machen. Etwa die Fabeln von Aesop eignen sich gut, bestimmte Inhalte zu vermitteln. Diese sind auch in der Geschichte selber oftmals schon formuliert. Es macht keinen Sinn, die Klienten/Klientinnen die Moral selber herausfinden zu lassen. Die Moral soll offen gelegt werden, aber danach nicht bis ins letzte Detail in die Klientensituation übersetzt werden.

Ein Team sollte im Coaching die geltenden Hausregeln überprüfen. Es galt, die bestehenden Regeln zu reflektieren und zu klären, wie sie umgesetzt werden sollten. Dabei war jedoch wichtig zu verstehen, dass im Einzelfall die Regeln auf die einzelnen Klienten/Klientinnen angepasst werden mussten. Und das Klientel der Institution bestand eigentlich fast nur aus Einzelfällen... Der Regeldiskussion sollte also die Einsicht vorangestellt werden, dass etwas, das im einen Fall nützlich ist, dies nicht in jedem Fall sein muss. Als Einstieg in diese Thematik erzählte ich die Geschichte vom mit Salz beladenen Esel (vgl. Kap. 8.3). Als dieser in einen Fluss fällt, löst sich seine Last auf. Bei nächster Gelegenheit wendet er die gleiche Technik wieder an. Doch seine Last, dieses Mal Schwämme, wird dadurch erheblich größer. Die Moral der Geschichte sprach ich direkt an, sie war transparent. Die Geschichte war lediglich die Versinnbildlichung der Vorannahme.

Geschichten als indirekte Mitteilung sind in unserem Zusammenhang auch im Kontext der Aus- und Weiterbildung relevant. Als Dozierende setzen Berater/innen Geschichten als didaktisches Instrument ein. Wobei Thomann (2002) dazu bemerkt: „Auch hier sinkt die Qualität von Geschichten mit der Erhöhung von didaktischer Absicht. Absichtsvoll inszenierte Geschichten (…) erachte ich als manipulative Experimente. Geschichten wirken durch sich selbst und beanspruchen für sich eine Prise Unberechenbarkeit."

Geschichten sind ein Angebot zum Dialog und keine Instruktion. Als versteckte Instruktion verstanden besteht die Gefahr, Geschichten zu missbrauchen und damit schließlich auch ihrer Glaubwürdigkeit und Wirksamkeit zu berauben. Sinngemäß ließe sich sagen: Ein guter Didaktiker ist noch lange kein Erzähler.

Ein Dozent meiner Lehrerausbildung erklärte uns zur Einführung in die Pädagogik, was pädagogische Fragestellungen sein können. Zur Illustration erzählte er die Geschichte, die ihm gerade erst heute Morgen passiert sei: Sein Sohn habe beim Morgenessen die Konfitüre von seinem Morgenbrot geschleckt und das Brot auf den Boden geworfen. Hier sei er heute Morgen vor einer pädagogischen Fragestellung gestanden: Wie sollte man als Vater reagieren? Monate später war ich zufälligerweise dabei, wie der Dozent einer anderen Gruppe die genau gleiche Begebenheit erzählte – sie sei ihm gerade heute Morgen passiert. Offensichtlich hatte er die Geschichte, wie er mir dann auch ganz selbstverständlich bestätigte, nur zu didaktischen Zwecken erfunden und erzählt. Aus meiner Sicht hatte der Dozent die Kraft von Geschichten zu missbrauchen versucht. Und damit sich seiner eigenen Kraft beraubt. Ich bin überzeugt, auch beim Geschichten Erzählen gilt: Echtheit kommt vor Didaktik. Doch das ist eine andere Geschichte.

▶ Als Geschichten erzählt können Inhalte indirekt und leicht annehmbar vermittelt werden. Die Moral der Geschichte soll dabei offen gelegt werden. Geschichten dürfen nicht als manipulative Instruktionen missbraucht werden.

4.7 Geschichten als Darstellung des Klientensystems: Exkurs Storytelling in der Organisationsentwicklung

Wenn ich vor mir allein bin, erzähle ich mir, was ich gesehen habe, als wenn ich dir's erzählen sollte, und es berichtigt sich alles.
Johann Wolfgang von Goethe

Typischerweise sind Selbstdarstellungen über das Erzählen von Geschichten besonders gut möglich. Erzählungen können dabei nämlich Eigenschaften der erzählenden Person darstellen, die der Zuhörerschaft im faktischen Verhalten sonst kaum gezeigt werden können (vgl. Quasthoff 1980, S. 151 ff.).

Wenn Klienten/Klientinnen Geschichten erzählen, dienen diese denn meist der Selbstdarstellung. Auch Berater/innen können sich in ihren Geschichten selber darstellen (vgl. Kap. 4.8). Können aber auch vom Berater/von der Beraterin erzählte Geschichten in gewissem Sinn *das Klientensystem* darstellen?

Der Fokus dieses Buches liegt in der Einzel- und Teamberatung. Es lohnt sich an dieser Stelle, einen kurzen Exkurs in die Organisationsberatung zu unternehmen. Hier stellt sich unter anderem genau die Frage, wie Klientensysteme, wie Organisationen zielführend abgebildet werden können. Die dargestellten Wirkungsweisen von Geschichten müssten sich ja auch hierfür nutzen lassen.

In der Organisationsberatung wird denn auch der Ansatz des *Storytelling* seit einigen Jahren breit diskutiert. Meist beschränkt sich der Begriff in diesem Zusammenhang jedoch auf Fragen des Wissensmanagements und der Unternehmenskommunikation.

Es werden in der entsprechenden Literatur konkrete Methoden vorgestellt ohne die Wirkungsweise der Geschichten genauer zu klären. Man beschränkt sich auf ein möglichst ausgefeiltes Handwerk im Erstellen oder Sammeln von Geschichten, die einen vorgefertigten, klaren Zweck – z. B. das Branding eines Unternehmens – in den Mittelpunkt stellen.

Die Methodik basiert aber auch in der Organisationsberatung wesentlich auf den hier vorgestellten Grundlagen.

Exemplarisch weise ich auf einige innovative Möglichkeiten und Methoden von Storytelling im Bereich der Unternehmensentwicklung kurz hin. Es soll damit auch gezeigt werden, dass die vorgestellten Grundlagen für wohl jeden Anwendungsbereich von Geschichten Gültigkeit haben:

Wenn Geschichten die Ganzheit von Organisationen widerspiegeln können, dann lassen sie sich für ein gezieltes *Wissensmanagement* einsetzen. So kann etwa in zentralen Projekten gewonnenes Erfahrungswissen Einzelner gesammelt und als Geschichte verarbeitet dem Gesamtunternehmen wieder zur Verfügung gestellt werden. Es geht hier darum, die Geschichten der einzelnen Mitarbeitenden zu einer Gesamtgeschichte zu verweben, die zentrale Erkenntnisse widerspiegelt. Einzelwissen wird über das Medium der Geschichte für alle Mitarbeitenden übertragbar und nutzbar gemacht (vgl. Thier 2004).

Hier wird der Berater/die Beraterin gewissermaßen zum Erzähler/zur Erzählerin der Projektgeschichte des Unternehmens – im Dienste des Wissensmanagements.

Im *Equity Storytelling* konstruiert und erzählt der Berater/die Beraterin die Erfolgsgeschichte eines Unternehmens. Eine konstruierte Geschichte mit Helden und Schurken, mit Gründervätern und Verrätern. Die Geschichte basiert auf einer Unternehmensanalyse, die insbesondere Wachstum und Cashflow, aber auch die Konkurrenz und das Unternehmensumfeld untersucht. Die Geschichte wird danach wie ein guter Krimi aufgebaut und geschrieben. Ziel der Geschichte ist, den Unternehmenswert zu heben (vgl. Etzold und Ramge 2014).

Auch hier erzählt am Ende der Berater/die Beraterin eine Geschichte – eine Beratungsintervention ist sie hier nicht mehr, sie ist viel mehr das Ergebnis der Beratung.

Die Methodik des *Story-Dealing* setzt darauf, dass Geschichten als Intervention nicht erzählt sondern erlebt werden sollen. In strategischen Inszenierungen erhalten Teams kuriose und absurde Aufträge, die sie gemeinsam meistern sollen. Sie organisieren Hasenrennen und Überfälle auf die deutsche Depression. Am Ende zielt der Ansatz darauf, dass Geschichten erlebt werden, die eine beabsichtige Wirkung erzielen sollen (vgl. Geisslinger und Raab 2007).

Im Grunde geht es hier um Teamentwicklung und es wird der Versuch unternommen, sich dafür der Wirkungsweise von Geschichten zu bedienen.

Schließlich könnte in gewissem Sinn auch von Storytelling gesprochen werden, wenn die Geschichte des Beraters/der Beraterin sich aus den spontanen Inputs der

Klienten/Klientinnen im Hier und Jetzt speist. Ich denke etwa an die Situation, wenn Berater/innen nach Feedback zur gemeinsamen Arbeit fragen. Klienten/Klientinnen müssen etwas Abstand zur gemeinsamen Arbeit gewinnen um diese beurteilen zu können. Eine Geschichte kann das unterstützen, wie folgendes Beispiel zeigt:

Eine Gruppe von Lehrpersonen engagierte mich für eine schulinterne Weiterbildung. Wie ich den Eindruck hatte, weil sie von der Schulleitung dazu verpflichtet worden waren und sich erhofften, während den Weiterbildungsabenden einfach an ihren alltäglichen Projekten weiterarbeiten zu können. Zu Beginn klärten wir die Bedürfnisse und legten ein Programm fest, das tatsächlich einen bildenden Charakter hatte, aber auch ihre Bedürfnisse pragmatisch bediente. Zum Abschluss der Weiterbildung holte ich mir unter anderem ein Feedback zur Arbeit ein, indem ich eine Geschichte von Hasen erzählte, die eigentlich nur ihre Karotten essen wollten, aber vom Löwen verpflichtet wurden, einen Ernährungsberater beizuziehen. Sie wussten, der Bär hatte sich zum Ernährungsberater ausbilden lassen und war ein ganz pragmatisches Tier. Also riefen sie den Bären, von dem sie dachten, er würde ein Auge zudrücken und sie weiter einfach ihre Karotten essen lassen. An dieser Stelle unterbrach ich die Geschichte und forderte die Gruppe auf, verschiedene Vorschläge zu machen, wie die Geschichte weitergehen könnte. Die beliebteste Wendung wurde gewählt und ich erzählte die Geschichte weiter. So ging das noch zwei Mal. Bis die Hasen an ihrer Schlusskonferenz diskutierten, wie das nun mit dem Karotten Essen so sei. Selbstverständlich war es unmöglich, jedes Element der Geschichte als Feedback in die reale Situation zu übersetzen. Die Geschichte war unterhaltend, sie ersetzte in keiner Art ein analytisch formuliertes Feedback. Und doch bot die gemeinsam entwickelte Geschichte den Lehrpersonen und mir Gelegenheit, auf das Vergangene zurück zu blicken und bildete einen lustvollen Abschluss der Weiterbildung.

▶   Geschichten können, in ganz spezifischen Einsatzmöglichkeiten, dem Klientensystem Gelegenheit bieten, sich selber abzubilden. Die Klienten/Klientinnen bestimmen dabei im Wesentlichen die Inhalte der Geschichte und der Berater/die Beraterin strukturiert diese als Erzähler/in.

4.8   Geschichten als Selbstdarstellung des Beraters/der Beraterin

Eigentlich bin ich ganz anders, aber ich komme so selten dazu.
Oedön von Horvath

Wie bereits festgestellt, sind Selbstdarstellungen über Geschichten besonders gut möglich. In Vorgesprächen ist meist eine Selbstdarstellung des Beraters/der Beraterin gefragt. *Wie beraten Sie? Was ist Ihnen wichtig?*

Es ist kaum sinnvoll, den Klienten/Klientinnen theoretische Beratungskonzepte vorzustellen. Auch die typischen Schlagworte lassen kein konkretes Bild der Arbeit des Beraters/der Beraterin entstehen: Wer würde heute schon nicht von sich behaupten, er/sie arbeite lösungsorientiert und systemisch?

Der Berater/Die Beraterin kann jedoch Geschichten von seiner/ihrer Beratungsarbeit erzählen. Einzelfälle zwar, doch illustrieren sie die typischen Eigenheiten des Beraters/der Beraterin häufig sehr gut und sind für die Klienten/Klientinnen gut verständlich.

Es geht hier explizit nicht darum Erfolgsgeschichten zu vermarkten, es geht nicht um die Bewerbung eines Produktes mit einer guten Geschichte. Berater/innen sollen in ihrer Selbstdarstellung lediglich zurück finden zu dem, was Klientinnen und Klienten in diesem Moment interessiert: Welche Geschichte sie mit diesem Berater/dieser Beraterin wohl erleben werden.

Nachdem die Studierenden zu Beginn einer Lehrsupervision von ihren bisherigen Supervisionserfahrungen erzählt und ihre Erwartungen an unsere Arbeit formuliert hatten, erzählte ich kurz von meinen eigenen Erfahrungen als Klient. Welche Art von Beratungen ich selber erlebt hatte und welche ich persönlich als wirkungsvoll beurteilte. Es wurde damit beispielsweise klar, dass in unseren Sitzungen keine Momente der tiefen Selbsterfahrung zu erwarten wären. Nicht, weil das a priori unsinnig wäre, sondern weil es in meinen Geschichten nie wirkungsvoll gewesen war. Es wurde klar, welche Erwartungen der Studierenden ich erfüllen könnte. Und welche nicht.

▶   Geschichten aus der eigenen Beratungspraxis oder -erfahrung können
     dem Berater/der Beraterin dazu dienen, die eigene Beratungsarbeit zu
     charakterisieren.

4.9 Zusammenfassung

Wirkung ist die zweite von zwei Erscheinungen, die immer in derselben Aufeinanderfolge vorkommen. Von der ersten, Ursache genannt, sagt man, sie bringt die zweite hervor – was nicht vernünftiger ist, als würde jemand ein Kaninchen für die Ursache eines Hundes halten, nur weil er noch nie einen Hund anders als bei der Verfolgung eines Kaninchens gesehen hatte.
Ambrose Bierce

Als Beratungsintervention eingesetzt kann das Erzählen einer Geschichte unterschiedliche Wirkungsziele verfolgen. Diese sind nicht trennscharf zu unterscheiden.

Die Geschichte kann

- die *Problemsicht* des Klienten/der Klientin *kreativ erweitern*. Dies geschieht meist mit Metaphern. Eine Geschichte kann irritieren. So können neue und unerwartete Aspekte erkannt werden.
- in Teams eine *gemeinsame sprachliche Basis* bilden. Die Teammitglieder können sich der sprachlichen Logik der erzählten Geschichte bedienen um über die problematische Situation zu reden.
- die *Bedeutung*, die der Klient/die Klientin der problematischen Situation *zuschreibt, verändern*. Die Geschichte verändert den Blick auf die erlebte Wirklichkeit.
- dem Klienten/der Klientin helfen, die problematische Situation nicht als Teil von sich, sondern als Teil einer Geschichte wahrzunehmen. Das Problem wird *externalisiert*.
- als Erinnerungsstütze, als *Anker* wirken. Die Geschichte ist so Kristallisationspunkt der eigenen Zielvorstellung und lässt diese im Alltag leichter abrufbar werden.
- die *Selbstwirksamkeitserwartung* des Klienten/der Klientin erhöhen. Die Geschichte kann dabei Modellcharakter haben und als *stellvertretende Verstärkung* wirken.
- die *Beziehung* zwischen Berater/in und Klient/in stärken und damit das erforderliche *Statusgleichgewicht* herstellen.
- *Inhalte indirekt* vermitteln. Die Inhalte sollen dabei vom Berater/von der Beraterin transparent gemacht werden.
- Themen tangential ansprechen und Widerstände verringern.
- zur *Darstellung des Klientensystems* oder der aktuellen Situation dienen.
- zur *Vorstellung der Beratertätigkeit* dienen.

Ganz generell sprechen Geschichten nicht nur die Ratio sondern auch Emotionen an. Sie finden damit oftmals den Zugang zu Klienten/Klientinnen besser als rationale Argumente.

Zum Einsatz von Geschichten

5

Im Folgenden betrachte ich den konkreten Einsatz von Geschichten. Wer erzählt die Geschichte? Welche Geschichte wird erzählt? Wann wird eine Geschichte erzählt? Wie gelingt die Intervention?

5.1 Wer erzählt die Geschichte? Coach oder Vorgesetzte/r

Der Chef war freundlich. Er hat mich gefragt, ob ich nicht zu müde wäre, und er wollte auch Mamas Alter wissen.
Albert Camus

Die vorgestellten theoretischen Grundlagen beziehen sich primär auf Coachingsituationen.

Wie eingangs erwähnt, beraten auch Führungskräfte ihre Mitarbeitenden. Ihr Fokus liegt dann aber meist auf der Förderung der Mitarbeitenden im Hinblick auf die Unternehmensziele.

Unter diesem Blickwinkel sind nicht alle vorgestellten Wirkungsziele gleich relevant und sie verlangen teilweise nach besonderer Betrachtung aus der Führungsoptik.

So wird sich etwa für Führungskräfte häufig die Frage stellen, ob ihre Intervention eine hierarchisch legitimierte Forderung an den Mitarbeiter/die Mitarbeiterin ist oder eine primär beratende Funktion hat. Im Formulieren ihrer Forderungen und Erwartungen müssen Vorgesetzte klar und präzis sein und nicht metaphorische Geschichten erzählen.

© Springer Fachmedien Wiesbaden 2016
D. Duss, *Storytelling in Beratung und Führung*,
DOI 10.1007/978-3-531-19783-8_5

Ein Vorgesetzter muss also etwa einer Mitarbeiterin, die zwar ihre Arbeit korrekt erledigt, in ihrer Position aber mehr als nur das tun sollte, seine Forderungen und Erwartungen klar und deutlich formulieren. Er muss klar benennen, woran er das gewünschte Verhalten der Mitarbeiterin erkennt und dies allenfalls auch schriftlich festhalten. Darüber hinaus könnte er ihr durchaus die Geschichte von den ungleichen Angestellten erzählen (vgl. Kap. 8.17). Ein Vorgesetzter erklärt darin einem Mitarbeiter ganz praktisch, worin der Unterschied zwischen pflichtbewusster Auftragserfüllung und engagiertem Arbeitseinsatz liegt.

Mit dieser Geschichte kann der Vorgesetzte der Mitarbeiterin seine Erwartungen zusätzlich in einer indirekten Form mitteilen. Er kann ihr damit einen Anker anbieten und allenfalls auch Widerstand der Mitarbeiterin schmelzen. Beim Formulieren seiner Erwartungen hat er möglicherweise Anknüpfungspunkte in der Geschichte.

Die Geschichte ersetzt aber die klar formulierte Erwartung nicht.

Wenn Vorgesetzte von ihren selber erlebten Geschichten erzählen, so kann das Beziehung aufbauen. Ab und zu eine Geschichte vom Wochenende ist in diesem Sinn sehr wirkungsvoll. Zu viele oder zu persönliche Geschichten jedoch untergraben die formal gegebene Hierarchie und bringen den Mitarbeiter/die Mitarbeiterin in eine unangenehme Situation.

Es liegt in der Verantwortung der vorgesetzten Person, die Frage nach Nähe und Distanz entschieden zu beantworten – Ganz ähnlich, wie Berater/innen diese Frage in Coachingsituationen beantworten müssen (vgl. Kap. 4.5).

Im Gegensatz zum Coach sind Vorgesetzte weisungsbefugt und die Beziehung zu ihnen ist eine fortdauernde, alltägliche. Mitarbeitende sind darauf angewiesen, dass diese gegebene Hierarchie nicht durch zu viel Nähe negiert wird.

So erging es auch einer Klientin: Es beschäftigte sie die Frage, wie sie mit dem Verhalten ihres Chefs umgehen solle. Er tat seine Arbeit korrekt und gut, die Klientin fühlte sich unterstützt und ihr Chef war ihr durchaus sympathisch. Nun schrieb ihr der Chef aber regelmäßig SMS aus seiner Freizeit. Grüßte sie aus seinen Ferien am Strand. Schrieb ihr, was er gerade so tat. Ganz sachlich, ohne Anzüglichkeiten. Dennoch: Vom Arbeitskollegen hätten sie die Nachrichten gefreut. Aber vom Chef? Sie war überfordert damit und sagte, sie wolle ganz prinzipiell nicht wissen, was der Vorgesetzte am Strand tue.

▶   Vorgesetzte können Geschichten erzählen und damit die vorgestellten Wirkungsziele verfolgen. Sie müssen dabei insbesondere darauf achten, dass allzu persönliches nicht der gegebenen Hierarchie zuwider läuft.

5.2 Welche Geschichte wird erzählt? Literatur oder Erfahrungsbericht

Die Literatur kann uns lehren, aus unserer eigenen Erfahrung auszubrechen und die Erfahrungen anderer zu machen, die größer sind als wir.
Oscar Wilde

Hammel (2009, S. 313 ff.) unterscheidet verschiedene Genres von Geschichten, die im therapeutischen Kontext erzählt werden können. Einige davon sind:

- *Biografische Erzählungen und Anekdoten* sind Geschichten aus dem Leben des Therapeuten, die als Beispiel dienen können.
- *Fallbeispiele* sind Geschichten aus ähnlich gelagerten, früheren Therapiesettings.
- *Fabeln und Märchen* beanspruchen eine besondere, gesellschaftlich überlieferte Wirkung für sich.
- *Novellen und Abenteuer* sind Geschichten, die über mehrere Sitzungen hinweg einer Seifenoper gleich weiterentwickelt werden.
- *Zitate und Aphorismen* können als Kürzestgeschichte verstanden werden.

Diese Unterscheidung zeigt die mögliche Bandbreite an eingebrachten Geschichten auf. Grundlegend unterscheiden sich meiner Ansicht nach eingebrachte Geschichten des Beraters/der Beraterin aber in nur einem Punkt: Entspringt die Geschichte dem persönlichen Lebensumfeld des Beraters/der Beraterin oder ist es eine Geschichte aus der Literatur? Ich unterscheide daher lediglich zwischen *Erfahrungsbericht* und *Literatur*. Wofür eignen sich welche Geschichten? Für welches Interventionsziel eignet sich tendenziell welche Form?

Persönliche Geschichten des Beraters/der Beraterin eignen sich insbesondere zur Stärkung einer Beziehung (vgl. Kap. 4.5).

Viele Klienten/Klientinnen werden persönliche Geschichten besonders gut annehmen können, die ganz nahe an ihrer eigenen Lebenswelt sind. Sind die Erlebnisse des Beraters/der Beraterin das, so eignen sich diese als stellvertretende Verstärkung (vgl. Kap. 4.4).

Persönliche Geschichten bergen aber auch die Gefahr auszuufern, da der Berater/die Beraterin sie in und auswendig kennt. Es wird schwieriger, auf dem Punkt zu bleiben. Es besteht die Gefahr, dass die Beratungssitzung ihren Fokus verschiebt. Wenn dem Klienten/der Klientin die Erfahrungen des Beraters/der Beraterin plötzlich interessanter und lehrreicher als die eigenen erscheinen, dann läuft etwas schief.

Geschichten aus der Literatur sind in der Regel weiter von der Erfahrungswelt des Klienten/der Klientin entfernt als die persönlichen Erzählungen des direkten

Gegenübers. Geschichten aus der Literatur schaffen daher mehr Distanz und eignen sich tendenziell besser zur Externalisierung (vgl. Kap. 4.2).

Geschichten aus der Literatur haben zudem einen gewissen Autoritätsanspruch. Sie können damit bei manchen Klienten/Klientinnen anschlussfähiger sein.

Literarische Geschichten eignen sich methodisch gesehen vor allem dann, wenn ihr Einsatz geplant werden kann. Spontan lassen sich literarische Geschichten nur einsetzen, wenn sie auch tatsächlich verfügbar sind, das heißt, der Berater/die Beraterin hat diese in Textform dabei oder kennt sie sinngemäß auswendig.

Nur der groben Ahnung nach erzählte literarische Geschichten verlieren häufig an Strahlkraft und bleiben gut gemeinte Unterhaltung.

Manche Geschichten aus der Literatur beanspruchen für sich auch, eine bestimmte Kraft per se in sich zu tragen und Lebensweisheiten oder kulturelle Werte zu repräsentieren. Dies gilt insbesondere für religiöse Geschichten und Märchen (vgl. Franzke 1991). Beides sind über Generationen hinweg tradierte Geschichten. Peseschkian (1979) legte zu solchen Geschichten, primär aus dem Orient, eine viel beachtete Sammlung für die Positive Psychotherapie vor.

Selbstverständlich können überlieferte Geschichten Lebensweisheiten und Werte unbewusst weitertragen. Ich stehe aber der Idee kritisch gegenüber, sie könnten dies im Rahmen eines Coachings tun. Anders gesagt: Hänsel und Gretel entfalten ihre magische Kraft am Kinderbett, jeden Abend, immer wieder. Aber nicht im professionellen Beratungssetting.

Märchen und religiöse Geschichten aus unserem Kulturkreis sind meines Erachtens bei Klienten/Klientinnen noch dazu schon stark mit persönlichen Erinnerungen belegt, was sie als Interventionsform in der Regel ungeeignet erscheinen lassen. Kommt hinzu, dass gerade Märchen oftmals in veränderter Form, vielleicht als amerikanischer Zeichentrickfilm, bekannt sind. Sie sind so wohl zum reinen Unterhaltungswert geworden.

▶   Ob eine literarische Geschichte oder ein persönlicher Erfahrungsbericht
     als Intervention eingesetzt wird, hängt stark vom verfolgten Wirkungs-
     ziel und der aktuellen Situation ab.

5.3   Wann wird eine Geschichte erzählt? Planung oder Spontanität

Will man ein Ass aus dem Ärmel ziehen, muss man vorher eines hinein tun.
Rudi Carrell

Der Einsatz einer Geschichte kann nur geplant werden, wenn vorgängig Themen und Ablauf der Sitzung recht präzise bekannt sind. In allen anderen Fällen wirkt eine vorbereitete Erzählung schnell deplatziert und kann den Prozess im ungünstigsten Fall sogar blockieren. Ich bin daher zurückhaltend im geplanten Einsatz von Geschichten.

Typischerweise lassen sich Geschichten, die zu Beginn oder zum Ende der Sitzung eingesetzt werden, besser planen. Geschichten, die zum Einstieg in eine Sitzung erzählt werden, erfüllen häufig primär die Funktion, die Teilnehmenden zu sammeln. Sie sind dann ein rein methodisches Instrument.

Geschichten können darüber hinaus eine Vielzahl von Wirkungen verfolgen (vgl. Kap. 4). Ihr Einsatz erfolgt dann aber meist spontan aus der Beratungssituation heraus.

Wie wir gesehen haben, kann es innerhalb eines Coachingprozesses für den Berater/die Beraterin unter anderem dann angezeigt sein, eine Geschichte zu erzählen,

- wenn die Sichtweise des Klienten/der Klientin eingeschränkt ist und durch eine metaphorische Geschichte erweitert werden kann.
- wenn der Klient/die Klientin durch die Komplexität der Situation überfordert ist und eine Geschichte die Situation auf den Punkt bringen kann.
- wenn der Klient/die Klientin die Lösung des Problems erkannt hat und diese mit einer Geschichte memorisiert werden kann.
- wenn der Klient/die Klientin die Situation rein analytisch angeht und mit einer Geschichte ein kreativer Zugang zur gleichen Problematik gefunden werden kann.
- wenn der Klient/die Klientin seine/ihre Situation als unmöglich zu bewältigen wahrnimmt und mit einer Geschichte Mut zur Machbarkeit gegeben werden kann.
- wenn der Klient/die Klientin eine Situation negativ wahrnimmt und mit einer Geschichte diese Wahrnehmung verändert werden kann.
- wenn der Berater/die Beraterin einen Inhalt vermitteln will, den er/sie selber am besten als Geschichte ausdrücken kann.

Es wäre falsch zu meinen, spontan eingesetzte Geschichten würden sich einfach so ergeben. Spontan reagieren kann nur, wer Handlungsmöglichkeiten hat.

In unserem Zusammenhang bedeutet dies, dass sich Berater/innen eine Sammlung von kurzen Geschichten im Kopf bereit halten können, die sich in Beratungssituationen immer wieder bewährt haben. In Kap. 8 stelle ich meine kleine Sammlung vor.

Es ist nicht in jedem Fall angezeigt, eine Geschichte zu erzählen. Um Geschichten professionell als Intervention einzusetzen, muss ihr Einsatz bewusst, gezielt und theoretisch begründet geschehen. Dies kann nur über die Reflexion der eigenen Praxis geschehen. So kann es für Berater/innen sinnvoll sein, sich nach einer Sitzung etwa folgende Reflexionsfragen zu beantworten:

- Welche Geschichten habe ich während der Sitzung erzählt?
- Weshalb habe ich die Geschichte erzählt? Was war der Auslöser?
- Falls die Geschichte metaphorisch war: Waren Klientensituation und Geschichte gleich strukturiert/isomorph?
- Was wollte ich mit der Geschichte beim Klienten/bei der Klientin bewirken?
- Konnte ich Reaktionen beim Klienten/bei der Klientin feststellen, die auf die Wirkung der Geschichte schließen lassen?
- Habe ich nach der Geschichte genügend Zeit und Raum für eine solche Reaktion gelassen?

▶ Im Coaching Geschichten zu erzählen lässt sich in wenigen Fällen gezielt planen. In der Regel muss der Berater/die Beraterin die Geschichte spontan einsetzen können. Dazu muss er/sie eine Sammlung von Geschichten kennen und den Einsatz danach gezielt reflektieren.

Grundsätzlich meine ich: Wenn sich eine Geschichte im Kopf des Beraters/der Beraterin spontan einnistet, hat diese in der Regel ihre Berechtigung und ist es wert, erzählt zu werden, wenn bestimmte Gelingensbedingungen erfüllt sind.

5.4 Wie gelingt die Erzählung als Intervention? Gelingen oder Scheitern

Am schönsten sind wir, wenn wir tun, was wir können.
Peter Stamm

Die Erfahrung zeigt, dass Klienten/Klientinnen in den meisten Fällen den Geschichten des Beraters/der Beraterin gerne zuhören. Dies alleine rechtfertigt aber das Erzählen im professionellen Setting nicht und ist noch lange kein Hinweis auf die Wirksamkeit der Geschichte.

Damit die Erzählung als Intervention gelingt, sie die gewünschte Wirkung entfalten kann, ist auf vielerlei zu achten. Die folgenden Bedingungen können einige Hinweise geben:

- Der Berater/Die Beraterin kennt die Geschichte präzise und kann sie entsprechend erzählen.

- Der Berater/Die Beraterin erzählt die Geschichte gerne und findet sie erzählenswert.
- Der Berater/Die Beraterin setzt die Geschichte bewusst als Intervention, also als Impulsgeber einer kooperativen Handlung, ein.
- Die Rezeptionsbereitschaft des Hörers/der Hörerin ist geprüft und ein entsprechender Erzählrahmen geschaffen worden.
- Der Berater/Die Beraterin nimmt sich in Acht, dass eine Geschichte nicht einzig der persönlichen Erzählfreude willen eingesetzt wird.
- Während und nach der Erzählung steht schnell wieder der Klient/die Klientin im Fokus.
- Nach der Erzählung haben die Klienten/Klientinnen Zeit und Möglichkeit, Ableitungsversuche zu machen, Position zu beziehen, die persönliche Bedeutsamkeit der Geschichte zu klären, eine eigene passende Geschichte zu erzählen.
- Die Geschichte ist einfach und klar verständlich.
- Bei metaphorischen Geschichten achtet der Berater/die Beraterin darauf, dass Metapher und reale Situation tatsächlich gleichartig strukturiert sind, das heißt, dass die Relation ihrer einzelnen Parameter in der Metapher beibehalten wird.
- Geschichten haben einen vorläufigen Charakter. Sie sind ein Angebot und werden nicht um jeden Preis weiterverfolgt und bis zur Unkenntlichkeit verwertet.
- Spürt der Berater/die Beraterin während des Erzählens, dass etwas nicht stimmt, die Geschichte nicht funktioniert oder ein wunder Punkt zu direkt angesprochen wird, dann gibt es nur eines: Abbrechen.

Trenkle (2012, S. 15 ff.) nennt weitere Regeln zum Erzählen von selbsterlebten Geschichten im Beratungskontext. Mit Trenkle lässt sich sinngemäss aufzählen:

- Selber erlebte Geschichten müssen, werden sie als Intervention eingesetzt, schon eine Weile her sein. Der Berater/Die Beraterin darf nicht mehr selber im Sog der Problematik stehen. Trenkle nennt das die „Fleischerregel": Die Geschichte muss „gut abgehangen" sein.
- Persönliche Geschichten stehen in einem realen Kontext. Der Berater/Die Beraterin achtet darauf, dass mit der Geschichte nicht persönliche Details Anderer ungewollt erzählt werden. Persönliche Geschichten aus dem kleinen Dorf, in dem jeder jeden kennt, sind grundsätzlich problematisch.
- Persönliche Geschichten bedeuten auch eine gewisse Nähe (vgl. Kap. 4.5). Die Verantwortung, das Thema Nähe und Distanz zu gestalten, liegt beim Berater/ bei der Beraterin.
- Trenkle empfiehlt, persönliche Geschichten einmalig zu verändern. Sie also beim erstmaligen Erzählen mit einem neuen Ort oder neuen Personen zu

versehen. So kann zwar Anonymität hergestellt werden. Auf der anderen Seite besteht meiner Meinung nach die Gefahr, dass die Geschichten an Echtheit verlieren: Der Erzähler/Die Erzählerin glaubt die eigene Geschichte nicht mehr.

Einen Ort oder eine Zeit zu verändern mag in Einzelfällen sinnvoll sein. Das wie Trenkle grundsätzlich zu empfehlen, kann ich nicht nachvollziehen. Man könnte schließlich auch einfach darauf verzichten, genauen Ort und Zeit zu nennen. Oder es ließe sich doch zumindest transparent machen, dass man Ort und Zeit verändert hat.

Den Plot einer Geschichte seiner Wirkung wegen zu verändern und Erfundenes als selber erlebt zu verkaufen – das hingegen geht meiner Meinung nach klar zu weit und lässt sich nicht rechtfertigen.

Storytelling – Geschichten erzählen im Beratungsprozess: Die Theorien und Hintergrundkonzepte dieser Interventionsform sind vielschichtig, die Wirkungsziele vielfältig. Der Einsatz von Geschichten verlangt nach Reflexion der eigenen Arbeit und nach einem hohen Maß an Flexibilität. Die Gelingensbedingungen sind umfangreich.

Doch bei alledem: An erster Stelle ist es die Lust am Erzählen, die trägt und wirkt.

Die Gewissheit, dass in der Erzählung die Welt niemals still steht und wir sie gestalten können. Die Gewissheit, dass die Erzählung vorallem eines ist: Leben.

Teil II

Das Wittgenstein'sche Paradox

6

In Kap. 2.1 stellten wir fest, dass Wittgenstein folgend die Sprache keine Sache bedeuten kann. Sie funktioniert einem Spiel gleich. Geschichten zu erzählen bedeutet vor diesem Hintergrund vor allem ein soziales Sprachspiel zu betreiben.

Wittgenstein legt mit Sprache dar, dass mit Sprache nichts dargelegt werden kann – daher der Begriff Wittgenstein'sches oder skeptisches *Paradox*.

In diesem Kapitel soll es nun nach einigen einleitenden Bemerkungen zur Person Wittgenstein darum gehen, dieses Paradox näher zu begründen und Gegenargumente zu entkräften.

6.1 Die Person Ludwig Wittgenstein

Ludwig Wittgenstein wurde 1889 als Sohn einer reichen Großindustriellenfamilie in Wien geboren. In der Familie Wittgenstein herrschte eine gepflegte Atmosphäre. Brahms und Mahler waren regelmäßige Gäste der Familie.

Mit vierzehn verließ Ludwig das Elternhaus und besuchte eine Schule in Linz. Wittgenstein war schulisch eher mittelmäßig, doch er fiel er mit seinem exzentrischen Verhalten schnell auf. Er verlangte beispielsweise, von seinen Mitschülern mit *Sie* angesprochen zu werden.

Nach einem Ingenieurstudium in Berlin begann Wittgenstein 1911 sein Philosophie Studium in Cambridge. Er besuchte Vorlesungen von Moore und Russell. Dieser urteilte über ihn: „Wittgenstein war vielleicht das vollendetste Beispiel eines Genies der traditionellen Auffassung nach, das mir je begegnet ist: leidenschaftlich, tief, intensiv und beherrschend" (Russell 1970, S. 139).

© Springer Fachmedien Wiesbaden 2016
D. Duss, *Storytelling in Beratung und Führung,*
DOI 10.1007/978-3-531-19783-8_6

Wittgensteins Dissertation in Cambridge, das philosophische Jahrhundertwerk *tractatus logico-philosophicus*, wurde aus formalen Gründen abgelehnt, was Wittgenstein sehr empörte. Er weigerte sich, die formalen Anpassungen vorzunehmen.

Mit 24 Jahren erbte Wittgenstein von seinem Vater ein Vermögen. Er fühlte sich vom vielen Geld in seiner geistigen Freiheit bedroht und verschenkte alles.

1914 brach der erste Weltkrieg aus. Wittgenstein sah sich in einer philosophisch ausweglosen Situation und meldete sich, trotz Untauglichkeitserklärung, an die Front. Er übernahm in selbstmörderischer Todesverachtung die gefährlichsten Aufgaben – und wurde zum Korporal befördert. Wittgenstein kämpfte in dieser Zeit mit starken Depressionen und geriet in neunmonatige Kriegsgefangenschaft. Hier entschied er sich für ein einfaches Leben als Volksschullehrer und zog sich aus der Philosophie zurück.

So lebte er nach dem Krieg auf dem Land in einer kleinen, kargen Dachkammer und arbeitete als Lehrer. Danach folgte eine Zeit als Gärtnergehilfe.

Mit 40 Jahren kehrte Wittgenstein nach Cambridge zurück. Dort unterrichtete er während den folgenden Jahren. Seine Vorträge waren introvertiert, als ob er vor sich hinsprechen würde. Oftmals entwickelte er Gedankengänge während der Vorlesung. Er verlangte absolute Konzentration (vgl. Göranzon et al. 1995).

Wittgenstein verließ Cambridge immer wieder für einige Monate um in Einsamkeit zu leben. So entstand auch sein zweites großes Werk, die *Philosophischen Untersuchungen*.

1951, nach längerem Krebsleiden, starb Wittgenstein im Alter von 62 Jahren in Cambridge.

Für eine detaillierte Schilderung von Wittgensteins Lebensgeschichte verweise ich auf die Biografen Wuchterl und Hübner (1979).

6.2   Darstellung des Paradox'

Wittgenstein warf sein skeptisches Paradox in seinem Spätwerk, den Philosophischen Untersuchungen auf. Kripke (1987, S. 79) stellt fest, dass „in der bisherigen Philosophiegeschichte kein radikaleres oder originelleres skeptisches Problem aufgeworfen wurde." Ich übernehme im Folgenden zur Darstellung des Paradox' Beispiele von Kripke, der diese Wittgenstein folgend konstruierte. So werde ich zur Argumentation auch einen Skeptiker zu Wort kommen lassen. Ausführliche Zitate von Wittgenstein sollen seine Denk- und Schreibweise fassbar machen.

Wie erwähnt stellt das Paradox fest, dass Sprache keinen Inhalt vermitteln kann. Oder allgemeiner gesagt: Dass wir keiner sprachlichen Regel, ganz generell keiner Regel, folgen können.

6.2.1 Das Paradox anhand einer Addition

Bei einer Addition sind wir uns sicher, einer einfachen Regel zu folgen. Manche Additionen führen wir häufig aus, etwa $2+4$. Ihr Resultat können wir sehr schnell nennen. Wir führen die Addition nicht mehr eigentlich durch, wir reagieren lediglich auf einen Reiz. Um zu sehen, wie wir einer Regel folgen, eignen sich diese Additionen nicht, wir müssen uns einer Addition bedienen, die wir bis anhin noch nie lösten. Gehen wir der Einfachheit halber davon aus, wir hätten noch nie eine Addition mit einem Summanden über 100 gelöst.

Somit hätten wir die Addition $110+26$ noch nie gelöst. Wenn wir unserer Additionsregel vermeintlich folgen, werden wir als Resultat 136 errechnen und uns der Lösung sicher sein. Doch Wittgensteins Skeptiker fragt, woher wir wissen, dass die Rechnung nicht etwa 22 ergibt. Wir werden antworten, weil wir der Regel richtig gefolgt seien, doch der Skeptiker bezweifelt nicht etwa die Genauigkeit unseres Tuns. Er bezweifelt die Regel an sich. Woher sollten wir wissen, dass die Addition dieser Zahlen 136 ergeben sollte? Auf eine frühere, korrekte Berechnung können wir uns laut Voraussetzungen nicht berufen. Wir werden uns auf die fehlerfreie Anwendung *der Regel* berufen. Wir kennen die Regel aus vielen Beispielen und wissen, wie sie funktioniert. Mit dem Zeichen „+" verhält es sich so und so.

Doch der Skeptiker wird einwenden, dass wir vielleicht bisher nicht wirklich die Regel der *Addition* sondern die Regel der *„Saddition"* befolgt hätten. Wir hätten bisher immer saddiert statt addiert. Die Regel der Saddition könnte wie folgt lauten:

x saddiert mit y = x addiert mit y, sofern x und y beide kleiner oder gleich 100 sind und

x saddiert mit y = 22, sofern x oder y grösser als 100 ist.

Der Skeptiker behauptet also, wir verstehen unseren bisherigen Sprachgebrauch falsch. Wir hätten immer gemeint zu addieren, dabei hätten wir in Wahrheit möglicherweise saddiert. Wie wollen wir ihm das Gegenteil beweisen? Laut unserer Voraussetzung deutet nichts in unserer Vergangenheit darauf hin, dass wir tatsächlich addieren und nicht saddieren gemeint hatten. Das Argument, es deute aber auch nichts darauf hin, dass wir saddieren gemeint hätten, bringt uns nicht weiter. Der Skeptiker behauptet letztlich nicht, wir hätten mit Sicherheit saddieren gemeint. Aber er behauptet, das könnte genau so gut möglich sein. Wir könnten uns unserem bisherigen Sprachgebrauch nicht sicher sein.

Unter der künstlich geschaffenen Voraussetzung zu Beginn wird es uns nicht möglich sein, dem Skeptiker zu widersprechen. Wir können unser Regelfolgen nicht sicher begründen, es geschah auf gut Glück.

Nun werden wir einwenden, dass wir die Addition auch handelnd vollziehen und so unser Regelfolgen belegen könnten. Denn so haben wir wohl auch das Addieren gelernt: Wir zählen einen Haufen mit x, sagen wir Murmeln, und danach einen Haufen mit y Murmeln, legen die beiden Haufen zusammen und zählen den neuen Haufen.

So könnten wir unser Regelfolgen begründen und die Addition entsprechend ausführen: Hier ein Haufen mit 110 Murmeln, dort ein Haufen mit 26 Murmeln. Zusammengezählt: Zweifelsohne 136 Murmeln.

Der Skeptiker wird sich nicht so schnell geschlagen geben. Er wird einwenden, dass wir unseren bisherigen Sprachgebrauch falsch verstehen würden. Was wir bisher getan hätten, sei nicht etwa *zählen* von Murmeln, sondern *sählen* von Murmeln. Mit dem Sählen verhalte es sich so: Einen Haufen von Murmeln zu sählen bedeute, ihn in gewohnter Weise zu zählen. Es sei denn, er bestehe aus Teilhaufen, von denen einer mehr als 100 Murmeln umfasse. In diesem Fall sei das Ergebnis des Sählens immer 22. Das hätten wir bisher getan. Beim Sählen komme man eben auf die Ergebnisse der Saddition.

Sicher werden wir jetzt einwenden, der ganze Gedankengang sei nur möglich gewesen aufgrund dieser lächerlichen Voraussetzungen.

Doch das ist nicht wesentlich. Wir können die Grenze beliebig erhöhen bis zu Zahlen, mit denen wir tatsächlich noch nie gerechnet haben und den ganzen Gedankengang damit durchspielen. Wesentlich ist, dass wir unser bisheriges Regelfolgen nicht tatsächlich erfassen können. Wir können unsere erstmaligen Handlungen nicht mit früher erlernten Regeln rechtfertigen, denn diese umfassten die neuen Handlungen nicht und können sie damit auch nicht bestimmen.

Wir können uns auch nicht auf immer weitere Regeln berufen. Würden wir etwa unser Verständnis von Zählen mit der *Zahlenreihenfolge* beweisen wollen, so würde der Skeptiker einwenden, wir würden unseren bisherigen Sprachgebrauch der Zahlenreihenfolge missverstehen, wir hätten bisher immer eine *Sahlenreihenfolge* gemeint, die eben....

Irgendwann muss das ein Ende haben, wo wir unsere letzte Regel nicht mehr auf eine weitere abstützen können oder wollen. Und wir werden die letzte Regel nicht begründen können. Wir werden zugeben müssen, uns nicht auf eine Regel stützen zu können, es halt einfach so zu tun. „Habe ich die Begründungen erschöpft, so bin ich nun auf dem harten Felsen angelangt, und mein Spaten biegt sich zurück. Ich bin dann geneigt zu sagen: So handle ich eben" (Wittgenstein 2003, § 217).

Wir können nicht mehr behaupten, das Ergebnis dieser Addition sei mit Sicherheit 136. Natürlich lässt sich auch nicht das Gegenteil behaupten. Wir handeln ohne Gründe. Das Folgen einer Regel „ist nicht Gewissheit sicherer Erkenntnis, sondern

Promptheit, Nicht-Zögern, wie wenn man ohne Besinnen ins Wasser springt, wenn jemand hineinfällt" (Savigny 1988, S. 258).

6.2.2 Das Paradox in der Sprache

Wir haben bereits gesehen, dass das Paradox nicht auf mathematische Regeln beschränkt bleibt. Es gilt genauso in der Sprache.

Nehmen wir als Beispiel einen Stuhl. Wir haben den Begriff des Stuhles wohl so gelernt, dass wir verschiedenen Exemplaren begegnet sind und wir darauf hingewiesen wurden: Das ist ein Stuhl. Mit der Zeit haben wir uns eine Regel zurechtgelegt, was ein Stuhl ist.

Und wenn wir heute einen Stuhl sehen, den wir bisher noch nie gesehen haben? Woher nehmen wir die Gewissheit, dass dies ein Stuhl ist? Hatten wir in unserem Regelverständnis exakt dieses Exemplar vor Augen? Nein.

Der Skeptiker wird entsprechend wieder einwenden, dass wir vielleicht unseren bisherigen Gebrauch des Wortes *Stuhl* missverstehen. In Wahrheit hätten wir bisher immer einen *Kuhl* gemeint, und das bedeute, dieses und jenes sei ein Stuhl, es sei denn, genau dieses Exemplar hier stehe vor uns, dann handle es sich um einen Pfropf.

Wir werden einwenden, wir wüssten genau was ein Stuhl sei, er habe vier Beine, eine Sitzfläche, usw. Der Skeptiker wird unseren bisherigen Sprachgebrauch der Wörter *Beine* und *Sitzfläche* bezweifeln. Wir hätten bisher immer *Spleine* gemeint, und Spleine seien....

Wir können nichts entgegenhalten. So wird der Skeptiker all unseren bisherigen Sprachgebrauch, unser vermeintliches Regelfolgen, in Zweifel ziehen können.

6.2.3 Das Paradox im gegenwärtigen Meinen

Das Paradox betrifft nicht nur unseren *bisherigen* Sprachgebrauch, es betrifft auch unser *gegenwärtiges* Sprechen und Meinen.

Woher sollen wir wissen, dass Leute vor einem roten Fleck alle die Farbe *rot* wahrnehmen? Vielleicht nimmt jemand vrot, jemand gar brün wahr. Wir können nicht *wissen*, dass wir die Farbe rot sehen. „*Rot* bedeutet die Farbe, die mir beim Hören des Wortes *rot* einfällt – wäre eine Definition. Keine Erklärung des Wesens der Bezeichnung durch ein Wort" (Wittgenstein 2003, § 239).

„Woher weiß ich, dass ich sehe, und dass ich rot sehe? D. h., woher weiß ich, dass ich etwas tue, was man Sehen und Rotsehen nennt?" (Wittgenstein 1985, S. 50)

Wir wissen, der Skeptiker wird nicht zulassen, dass wir uns auf unseren früheren Sprachgebrauch verlassen. Das Einzige was uns bleibt ist die Feststellung, dass wir es halt einfach so machen.

Im Grunde sprechen wir auf gut Glück, unser Reden ist ein blindes Anwenden von Worten, das nichts über das „Gemeinte" aussagt. Die Sprache wird zum reinen Spiel. Die Worte haben keinen Sinn, der auf ein bestimmtes Wesen hindeuten würde.

„Dieser Sinn sagt das und das. Der Sinn sagt aber gar nichts. Nichts wird gesagt außer dem, was ich sage." (Wittgenstein 1985, S. 131)

Sprache ist also ein Spiel, frei von Bedeutung. Würde der Skeptiker also auch seine eigene Argumentation in Zweifel ziehen? Ist auch sie frei von Bedeutung? Selbstverständlich. Nun zu sagen, der Skeptiker sage ja nun selber, seine Worte hätten keine Bedeutung, ist natürlich unsinnig. Damit gäben wir ihm gerade Recht.

> Bei der ersten Vorstellung des Paradoxes haben wir uns notgedrungen der Sprache bedient und dabei die jetzigen Bedeutungen selbstverständlich gelten lassen. Nun erkennen wir, wie erwartet, dass dieses vorläufige Zugeständnis in Wirklichkeit auf Fiktion beruhte. Es kann keine Tatsache geben im Hinblick auf das, was ich jetzt mit „plus" oder sonst zu einer Zeit mit einem anderen Wort meinte. (Kripke 1987, S. 33)

Wittgenstein's Paradox zeigt: Wir können niemals *etwas* meinen. Wir können mit unserem Meinen und Denken keine Sache an sich berühren. Wir können lediglich meinen. Meinen als Selbstzweck, als Spiel. Es ist unmöglich, mit Sprache auf eine Tatsache hin zu deuten.

Wir können nicht wissen, was wir meinen.

Wittgenstein geht noch weiter: Wenn wir von uns selber nicht wissen können, was wir meinen, so wissen wir das vielleicht vom Gegenüber besser als das Gegenüber selber. Wenn das Gegenüber seinen Sprachgebrauch beim Sehen einer Farbe missversteht und mir gelänge es, das Gegenüber von einem anderen Sprachgebrauch zu überzeugen, „warum sollen wir dann nicht sagen, dass ich besser weiß als du, welche Farbe du siehst?" (Wittgenstein 1989, S. 94).

Wie kann Wittgenstein dieses Paradox entwickeln, wenn er dadurch seine eigene Argumentation bedeutungslos macht? „Meine Sätze erläutern dadurch, dass sie der, welcher mich versteht, am Ende als unsinnig erkennt, wenn er durch sie – auf ihnen – über sie hinausgestiegen ist. (Er muss sozusagen die Leiter wegwerfen, nachdem er auf ihr hinaufgestiegen ist.) Er muss diese Sätze überwinden, dann sieht er die Welt richtig" (Wittgenstein 1963, § 6.54).

6.3 Versuche einer Widerlegung

Folgend versuchen wir Wittgensteins Gedankengang der Addition (vgl. Kap. 6.2.1) zu widerlegen. Sollte dies gelingen, würden auch alle Entsprechungen in der Sprache wegfallen. Ich folge dabei zwei Ansätzen, die auch Kripke (1987) so ins Feld führt.

Eine erste Gegenargumentation zielt auf die Frage, wie wir denn in der Vergangenheit *disponiert* gewesen wären, die genannte Addition zu lösen.

Die zweite Gegenargumentation führt das *Grunderlebnis* der Addition ein. Wir hätten ein nicht weiter zurückführbares Erlebnis des Addierens in uns.

6.3.1 Die dispositionale Gegenargumentation

Gehen wir von den genannten Voraussetzungen aus, so stimmt es zwar, dass es kein Faktum in unserer Vergangenheit gibt, das darauf hindeutet, dass wir *addieren* und nicht etwa *saddieren* gemeint haben. Es stimmt zwar, dass wir in der Vergangenheit noch nie 110+26 gerechnet haben. Aber wir müssen doch nicht *danach* fragen. Entscheidender ist, zu welchem Resultat wir in der Vergangenheit *disponiert* gewesen wären. Wir hätten nämlich in der Vergangenheit, hätte man uns danach gefragt, die Rechnung 110+26 mit dem Resultat 136 gelöst. Wir haben zwar noch nie mit diesen Zahlen gerechnet. Aber unsere Disposition war bereits vorhanden.

Wir waren bereits zum addieren und nicht zum saddieren disponiert.

Der Skeptiker wird entgegenhalten, dass diese Annahme völlig willkürlich sei. Es gibt keinen Anhaltspunkt dafür, dass wir tatsächlich hierfür disponiert gewesen wären. Und selbst wenn es so gewesen wäre: Was hieße das schon? Wir könnten ja auch zu einer falschen Antwort disponiert gewesen sein, so wie wir es heute sind.

Die dispositionale Gegenargumentation versucht, das Faktum, dass die Anzahl meiner bisherigen Handlungen beschränkt ist – und darauf beruht das Wittgensteinsche Paradox letztlich– mit Dispositionen zu umgehen. Doch auch meine bisherigen Dispositionen sind schließlich begrenzt. Es gibt Rechnungen, die sind so kompliziert, dass ich auch früher zu keiner Antwort disponiert gewesen wäre. So könnte der Skeptiker auch die Definition des saddierens dahingehend ändern, dass saddieren immer dem addieren entspreche, es sei denn, wir wären zu keiner Antwort disponiert, dann betrage die Lösung immer 22.

Wir mögen einwenden, die Anzahl unserer Dispositionen sei zu gering gehalten. Wir könnten ja auch einen Computer verwenden. Damit wären wir bei *jeder* Addition zu einer Antwort disponiert, egal wie groß die Zahlen und kompliziert die Rechnungen.

Der Skeptiker wird einwenden, ein Computer könne auch Funktionsstörungen haben. Wenn der Computer also ein falsches Resultat liefert, wären wir dann *dazu* disponiert gewesen? Oder zwei Computer können im Einzelfall das gleiche Resultat liefern, obwohl sie nach unterschiedlichen Regeln funktionieren. Und schließlich geht es um *unsere* Dispositionen und nicht um die einer Maschine.

Und wenn wir unsere eigenen Voraussetzungen idealisieren? Nehmen wir an, wir könnten selber einen störungsunanfälligen Computer programmieren, der unsere eigenen Dispositionen widerspiegelt. Er könnte unendlich große Zahlen zweifelsfrei *addieren* und nicht etwa *saddieren*. Doch mit diesen Bedingungen setzen wir die korrekte Verwendung des Wortes addieren bereits voraus. Und gerade das ist vom Skeptiker umstritten.

Wir können nicht die gewollte Lösung bereits in die Voraussetzungen integrieren.

Auch das Ausweichen auf unsere möglichen Dispositionen, die dabei unendlich und störungsunanfällig sein müssten, mag das Wittgensteinsche Paradox nicht zu entkräften.

6.3.2 Das „elementare Grunderlebnis" beim Addieren

Versuchen wir eine zweite Gegenargumentation. Wir könnten einwenden, beim Addieren erlebten wir ein bestimmtes Grundgefühl, das nicht weiter zurück zu führen und zu begründen sei. Die Additionsregel zu verstehen, in sich zu haben, sei ein bestimmter innerer Zustand, der uns unmittelbar bewusst und wahrnehmbar, aber nicht in Worte zu fassen sei. Ein innerer Zustand wie etwa Kopfschmerzen oder Durst.

Der Zustand sei uns durch Introspektion unmittelbar bekannt, wenn auch nicht verbalisierbar. Dieser innere Zustand des *Addieren-könnens* sei damit nicht bezweifelbar, wie es unsere Zahnschmerzen und unser Hunger nicht seien.

> Ich weiß, was das Wort „Zahnschmerzen" bedeutet, es ruft in meinem Bewusstsein ein ganz spezifisches Bild hervor. – Aber *welches* Bild? – Das lässt sich nicht erklären. – Wenn sich nun aber nicht erklären lässt, welches die Bedeutung der Behauptung war, es rufe ein ganz spezifisches Bild hervor? (…) Und bei alledem kommt nichts weiter heraus, als dass du bestimmte Wörter ohne eine Erklärung verwendest. (Wittgenstein 1989, S. 94)

Doch selbst wenn es nun dieses hungerartige Erlebnis des *Addieren-könnens* geben würde: Wie sollte uns dieses Gefühl oder innere Zustand Auskunft geben, was wir auf eine unbekannte Rechnung zu antworten haben? Wie wir in einem neuen Fall eine Regel anzuwenden haben, kann uns unmöglich ein Bild oder ein Gefühl des Addierens sagen. Das einzige, was uns zuverlässig Auskunft geben könnte, wäre, wenn uns innerlich eine unendliche Tabelle aller Additionsresultate vorschweben würde. Doch das ist wohl außer Diskussion.

Der Skeptiker wird uns weiter entgegenhalten, dass es Unsinn sei, von einem Gefühl des Addierens zu sprechen. Wie sollten sich die Gefühle in uns unterscheiden, wenn wir 110 und 26 addieren oder multiplizieren? Das Erlebnis, wenn es denn eines gibt, wird das gleiche sein. Nur das Ergebnis wird anders ausfallen.

Wir können ein Verhalten beschreiben, aber nicht einen inneren Zustand. Wittgenstein führt dies am Beispiel des Lesen-könnens aus:

> Nimm den Fall eines Schülers, der bisher nicht mitgetan hat: zeigt man ihm ein geschriebenes Wort, so wird er manchmal irgendwelche Laute hervorbringen, und hie und da geschieht es dann „zufällig", dass sie ungefähr stimmen. Ein Dritter hört diesen Schüler in so einem Fall und sagt „Er liest". Aber der Lehrer sagt: „Nein, er liest nicht; es war nur ein Zufall." – Nehmen wir aber an, dieser Schüler, wenn ihm nun weitere Wörter vorgelegt werden, reagiert auf sie fortgesetzt richtig. Nach einiger Zeit sagt der Lehrer: „Jetzt kann er lesen!" – Aber wie war es mit jenem ersten Wort? Soll der Lehrer sagen: „Ich habe mich geirrt, er hat es *doch* gelesen" – oder: „ Er hat erst später angefangen, wirklich zu lesen"? – Wann hat er angefangen, zu lesen? Welches ist das erste Wort, das er *gelesen* hat? (…) Die Veränderung, als der Schüler zu lesen anfing, war eine Veränderung seines *Verhaltens*, und von seinem „ersten Wort im neuen Zustand zu reden, hat hier keinen Sinn" (Wittgenstein 2003, § 157).

Es kann keinen inneren Zustand geben, der unser Verhalten in neuen Situationen nach einer Regel leiten könnte.

6.4 Auflösung des Paradox'

Und doch scheint es, Wittgenstein vernachlässige hier etwas. Das Unfassbare an unseren Gesprächen und Gedanken, das uns doch so spürbar präsent ist.

Wir möchten den Skeptiker fragen: „Aber vernachlässigst du hier nicht etwas – das Erlebnis oder wie du es nennen möchtest – ? Beinahe *die Welt* hinter den bloßen Worten?" (Wittgenstein 1989, S. 72).

Was ist es denn, was Wittgenstein zu vernachlässigen scheint? Was ist das: *die Welt hinter den bloßen Worten*?

> Es scheint, dass ich das Leben vernachlässige. Aber nicht das Leben im physiologischen Sinne, sondern das Leben als Bewusstsein. Und Bewusstsein nicht im physiologischen Sinne oder von außen aufgefasst, sondern Bewusstsein als das eigentliche Wesen der Erfahrung, der Erscheinung der Welt, der Welt. (Wittgenstein 1989, S. 73)

Wittgenstein bestreitet die Existenz dieses Lebens, dieses Bewusstseins, dieser Welt hinter den bloßen Worten, keinesfalls. Doch er erkennt es als nicht beschreibbar, nicht mitteilbar. Deutlich wird dies in folgendem Vergleich:

> Angenommen, es hätte jeder eine Schachtel, darin wäre etwas, was wir „Käfer" nennen. Niemand kann je in die Schachtel des andern schaun; und jeder sagt, er wisse nur vom Anblick seines Käfers, was ein Käfer ist. – Da könnte es ja sein, dass jeder ein anderes Ding in seiner Schachtel hätte. Ja, man könnte sich vorstellen, dass sich ein solches Ding fortwährend veränderte. – Aber wenn nun das Wort „Käfer" dieser Leute doch einen Gebrauch hätte? – So wäre er nicht der der Bezeichnung eines Dings. Das Ding in der Schachtel gehört überhaupt nicht zum Sprachspiel; auch nicht einmal als ein Etwas; denn die Schachtel könnte auch leer sein. – Nein, dieses Ding in der Schachtel kann „gekürzt werden"; es hebt sich weg, was immer es ist. Das heißt: Wenn man die Grammatik des Ausdrucks der Empfindung nach dem Muster von „Gegenstand und Bezeichnung" konstruiert, dann fällt der Gegenstand als irrelevant aus der Betrachtung heraus. (Wittgenstein 2003, § 293)

Wittgenstein streicht die Sache, die Empfindung als irrelevant weg. Erst dann kann sich sein Paradox auflösen: „Das Paradox verschwindet nur dann, wenn wir radikal mit der Idee brechen, die Sprache funktioniere immer auf eine Weise, diene immer dem gleichen Zweck: Gedanken übertragen – seien diese nun über Häuser, Schmerzen, Gut und Böse, oder was auch immer" (Wittgenstein 2003, § 304).

Wir können nie jemandem unsere Gedanken über etwas mitteilen.

> Wer mir *sagt*, was er gedacht hat, – hat mir der wirklich gesagt, was er *gedacht* hat? Musste nicht das eigentlich geistige Ereignis unbeschrieben bleiben? – War nicht *es* das Geheime, – wovon ich in der Rede dem Andern nur ein Bild gebe? (Wittgenstein 1984, S. 113)

Wir können in der Sprache, und natürlich auch in Geschichten, also nur ein Bild des geistigen Ereignisses – wenn es das überhaupt geben sollte – ausdrücken. Das Erlebnis selber kommt in der Sprache nicht mehr vor.

Wittgenstein beschreibt dies in einer seiner zahlreichen Metaphern so: „Freilich, wenn das Wasser im Topf kocht, so steigt der Dampf aus dem Topf und auch das Bild des Dampfes aus dem Bild des Topfes. Aber wie, wenn man sagen wollte, im Bild des Topfes müsse auch etwas kochen?" (Wittgenstein 2003, § 297).

6.5 Konsequenzen

Neben einem interessanten Gedankenspiel kann uns das Paradox einige Dinge aufzeigen. Dinge, die für unsere Art zusammen zu reden bedeutsam sind. Und in unserem Zusammenhang: Die für das Erzählen von Geschichten im Coaching oder in der Führung von Bedeutung sind.

Wir sollten die Möglichkeiten der Sprache nicht überschätzen. Und wenn wir auch nicht wie Wittgenstein radikal mit der Idee des *etwas-Meinens* brechen; wir sollten uns doch bewusst sein, dass wir nie schlüssig und eindeutig etwas übermitteln können. Zu meinen, im Coaching rein über Sprache Inhalte vermitteln zu können, die dann beim Gegenüber genau wie gewünscht wirksam sind, ist überheblich.

Wir sollten das Unaussprechliche, Unbeschreibbare, die Empfindung sowohl bei uns wie beim Gegenüber nicht leugnen. Es gibt sie und sie ist zentral. Auch Wittgenstein entgegnet auf den Vorwurf, er behaupte, dass es diese Empfindung nicht gebe: „Nicht doch. Sie ist kein Etwas, aber auch nicht ein Nichts! Das Ergebnis war nur, dass ein Nichts die gleichen Dienste täte wie ein Etwas, worüber sich nichts aussagen lässt" (Wittgenstein 2003, § 304).

Hier zeigt sich: Das Unaussprechliche, von dem wir einander nie berichten werden können, das sich aus unserem Sprachspiel herauskürzt, wir müssen es im Coaching nicht um jeden Preis aussprechen wollen. Wir sollten auch akzeptieren, dass Wirkungen und Themen bestehen, die wir nicht aussprechen können und müssen. „Wovon man nicht sprechen kann, darüber muss man schweigen" (Wittgenstein 1963, § 7).

Gerade Geschichten bieten uns Möglichkeiten, einander zu erzählen und dabei über das Wesentliche zu schweigen. Wir versuchen nicht um jeden Preis, das Unaussprechliche zu benennen, sondern kreisen mit unseren Erzählungen darum. Und schweigen, worüber sich nicht sprechen lässt.

In Anlehnung an Eugen Gomringer (1995) ließe sich das so darstellen:

erzählen	erzählen	erzählen
erzählen	erzählen	erzählen
erzählen		erzählen
erzählen	erzählen	erzählen
erzählen	erzählen	erzählen

Wenn wir über die Antwort nur schweigen können, so gibt es womöglich auch die Frage nicht. „Zu einer Antwort, die man nicht aussprechen kann, kann man auch die Frage nicht aussprechen. *Das Rätsel* gibt es nicht" (Wittgenstein 1963, § 6.5).

Wenn die Antwort im Coaching eine Geschichte war, was war dann die Frage?

Auch wenn sich nichts mitteilen lässt: Das Paradox eröffnet uns Freiheiten, auch im Coaching. Es entlastet von vermeintlicher Verantwortung, immer das Richtige sagen zu müssen. Entscheidend ist viel mehr, das Sprachspiel mitzuspielen, dem Klienten/der Klientin Resonanz zu geben, das Vorhandensein der Welt Welt zu bestätigen.

Wir können getrost wagen, eine Geschichte zu erzählen, die hier vielleicht gar nichts verloren hat. Wir können das Absurde und Unsinnige wahrhaben. Wir müssen nicht schweigen. Wir können Unsinn reden.

Was, du Mistvieh, du willst keinen Unsinn reden? Rede nur Unsinn, es macht nichts! (Wittgenstein 1984, S. 68)

Sozialkonstruktionistische Sichten 7

In Kap. 2.2 haben wir gesehen, dass Geschichten eine Form des Dialogs sind, die im sozialen Austausch eine gemeinsame und eine individuelle Wirklichkeit konstruieren. Diese sozialkonstruktionistische Sichtweise soll in diesem Kapitel zu einigen Aspekten, die in unserem Zusammenhang von Bedeutung sind, vertieft werden.

Im Wesentlichen orientiere ich mich dabei an Gergen (2002). Er gilt als Hauptvertreter des *Sozialen Konstruktionismus*. Dieser geht wie der *Konstruktivismus* davon aus, dass es keine objektive Realität gibt. Er stellt hingegen die Bezogenheit der Menschen zueinander stärker ins Zentrum. Individualität hat einen kleineren Stellenwert als beim Konstruktivismus. Ich werde im Folgenden nicht weiter auf diese Unterscheidung eingehen und, insbesondere in Kap. 7.4, auch konstruktivistische und systemische Sichtweisen einfließen lassen.

7.1 Gibt es ein „innen" und „aussen"?

Was ist das *Selbst*? Wie erlebt sich der Mensch selber?

Bereits die Fragen implizieren unsere dualistische Vorstellung: Da gibt es den Menschen, der sich selber, sozusagen von außen, erlebt. Es gibt in unserer alltäglichen Vorstellung ein *innen* (geistige Welt) und es gibt ein *außen* (materialistische Welt). Man spricht hier auch von einer *dualistischen Ontologie*.

Es stellt sich in dieser Vorstellung des Selbst das Problem, dass wir nicht feststellen können, wie „innen" und „außen" voneinander abhängig sind, sich beeinflussen.

Wir können zwar Aussagen darüber machen, wie sich zwei Sachverhalte innerhalb der geistigen Welt beeinflussen. Etwa, dass meine Schmerzen mich unzufrieden machen.

© Springer Fachmedien Wiesbaden 2016
D. Duss, *Storytelling in Beratung und Führung*,
DOI 10.1007/978-3-531-19783-8_7

Wir können ebenso Aussagen darüber machen, wie sich zwei Sachverhalte der materiellen Welt beeinflussen. Etwa dass höhere Geschwindigkeiten zu mehr Verkehrstoten führen.

Doch wie können wir Zusammenhänge zwischen geistiger und materieller Welt feststellen?

Einerseits: Wie wirkt meine geistige Welt auf die materielle Welt, auf das Außen, ein? Wie bewirkt etwa mein Wutausbruch (geistige Welt), dass ich ein Glas an die Wand werfe (materielle Welt)? Man könnte sagen: Es ist einfach meine Absicht, deshalb tue ich es. Doch eine Absicht, was immer das ist, vermag keine Nervenzellen zu aktivieren.

Und andererseits: Wie wirkt die materielle Welt auf meine innere geistige Welt? Erlebnisse, Erfahrungen (dort draußen) sollen die Quelle meines Wissens und Fühlens (in mir) sein. Doch damit ist kaum zu erklären, aufgrund welcher einfacher Erfahrungen wir komplexe Begriffe wie „Demokratie" oder „Moral" in uns schaffen sollten. Zudem ist einzuwenden, dass wir die Welt unterschiedlich wahrnehmen. Ein Schulzimmer wird vom Lehrer anders gesehen als von der Schülerin und anders gesehen als vom Hauswart. Wie soll die Welt unser Bewusstsein formen, wenn dieses in der Wahrnehmung bereits die Welt formt?

Kurzum: Philosophische Diskussionen stoßen auf größere Schwierigkeiten bei einer dualistischen Ontologie des Selbst.

Philosophische Richtungen propagierten im 19. Jahrhundert daher eine monolithische Sichtweise. Der Philosophische Idealismus ging davon aus, es gebe nur eine *geistige* Welt. Alles Materielle würden wir in unseren Köpfen erschaffen. Im Grunde kann diese Sichtweise weder bewiesen noch widerlegt werden. Doch würde sie eine vollkommen private Welt voraussetzen. Mein gesamtes Umfeld, mein Freundeskreis, einfach alles wäre mein reines Phantasieprodukt. Keine besonders erfreuliche Vorstellung.

Im 20. Jahrhundert entwickelte sich die gegenteilige Sichtweise, eine materialistische Sichtweise. Das gesamte Selbst würde aus rein materialistischer Welt bestehen. All meine Gefühle, Leidenschaften und Überzeugungen wären nichts weiter als biologisch nachweisbare neurologische Vorgänge. In dieser Welt würde der freie Wille nicht existieren. Alle Vorgänge wären kausal erklärbar, weil auf wissenschaftliche Erkenntnisse zurückführbar. Doch wie könnten wir die Welt als materialistisch *erkennen*? Weil wir sie uns so *denken*. Zweifellos ein geistiger Vorgang.

Der soziale Konstruktionismus verabschiedet sich von diesen dualistischen Metaphern von „innen" und „außen". Die Grenzen sind unklar und letztlich auch nicht relevant. Die Antwort auf die Frage nach dem Zusammenhang von geistiger und materieller Welt lautet: Die Frage gibt es nicht.

Ins Zentrum rückt die Beziehung. Alles was wir sind und für wahr halten, resultiert aus der sozialen Interaktion mit anderen. Was im einen Kontext individuell

Sinn macht, tut es in einem anderen nicht. Der individuelle Geist kann keinen Sinn, kein Wissen schaffen, ebenso ist Sinn nicht in der Welt vorhanden und zu entdecken. „Nichts existiert für uns – als verstehbare Welt voller Objekte und Personen – bis wir in Beziehung eintreten" (Gergen 2002, S. 67).

Wie wir gesehen haben, treten Menschen unter anderem in Beziehung, wenn sie Geschichten erzählen. Geschichten beschreiben die Welt nicht einfach – sie lassen sie überhaupt erst entstehen.

7.2 Das Problem der Selbsterkenntnis

Der Mensch tritt in Beziehung zur Umwelt. Doch wer ist dieser Mensch, dieses Selbst? Kann er sich überhaupt selber wahrnehmen und erkennen?

Genau das erwarten Berater/innen zumindest von ihren Klienten/Klientinnen häufig: Wie fühlten Sie sich in dieser Situation? Sind Sie von diesem Vorgehen überzeugt? Was denken Sie über dieses Thema? usw.

Doch woher wollen wir wissen, was wir fühlen, wollen, wünschen und denken? Zumindest stellen sich einige Probleme bei der Selbsterkenntnis. Gergen (2002, S. 24 ff.) nennt unter anderem die folgenden:

- Wenn sich unser Geist selber beobachten sollte: Welcher Teil übernimmt dann die Aufgabe des Beobachters und welcher wird beobachtet? Wenn unser Geist ein Spiegel unseres Selbst ist, wie kann sich der Spiegel dann plötzlich auf sich selber richten?
- Wie können wir sicher sein, dass wir unseren Geist, etwa unser Fühlen und Wollen, *richtig* beobachten? Können Verdrängung und voreingenommene Selbstkonzepte unsere Wahrnehmung nicht verfälschen? Und selbst wenn wir unvoreingenommen sind: Wie unterscheiden wir richtig, ob wir uns *glücklich*, *zufrieden* oder *ausgeglichen* fühlen? Welche Kriterien lassen wir hierfür gelten?
- Auch wenn wir für die Beschreibung unserer geistigen Zustände die gleichen Wörter verwenden, so können wir niemals sicher sein, dass wir sie auch gleich verstehen. Wir haben niemals Einblick in den geistigen Zustand anderer. Gut möglich, dass die Empfindung, die ich als Bauchschmerzen bezeichne, ein anderer als Herzflattern bezeichnen würde. Denken wir an Wittgensteins Metapher der Käfer in der Schachtel (vgl. Kap. 6.4).
- Wir haben für die Beschreibung unserer innerer Zustände nur einige vorgegebene Begriffe zur Verfügung. Wieso sollten gerade sie die passenden sein? Wieso sollte dieses Gefühl mit dem Begriff *Bauchweh* optimal beschrieben sein? Richten sich gar unsere Gefühle nach den Begrifflichkeiten, die zur Verfügung stehen? Spüren wir die *Schmetterlinge im Bauch* nur, weil es den Begriff gibt?

Bestimmen die Begriffe die Gefühle? – So jedenfalls scheint es dem Erzähler bei Franz Tumler (2012, S. 59) zu ergehen:

Es klingt wie Anmaßung, aber ich war in einem bestimmten Sinne unschuldig; ich gebrauchte die Sprache der Liebe wie einen Schatz von Formeln, deren man sich in gewissen Umständen bedient, um sich anzupassen; ich kam den Umständen nach und meinte, es sei Liebe. Aber ich drang nicht vor bis zu dem, was die Frau war; ich sah nur, dass sich ein anderes Wesen genähert hatte. Ich machte etwas, das der Liebe täuschend ähnlich sah.

Die Hauptschwierigkeit der Selbsterkenntnis dürfte, wie wir sehen, im Gebrauch der Sprache liegen. In unserem Verständnis davon, was Sprache kann.

7.3   Die Möglichkeiten der Sprache

Der Soziale Konstruktionismus macht viele Annahmen über die Sprache, die wir bereits kennen. Er geht grundsätzlich davon aus, dass zwischen Begriff (*Signifikant*) und der bezeichneten Sache (*Signifikat*) kein direkter, kausaler Zusammenhang besteht.

Das Wasserglas auf dem Tisch könnte man genau so gut auch *Karies* nennen. Wenn alle, das heißt mein ganzes soziales Umfeld, dieses Ding *Karies* nennen würden, dann würde unsere Sprache weiterhin ausgezeichnet funktionieren. Die Zahnfäulnis könnten wir deswegen weiterhin *Karies* nennen. Das Wort hatte damit zwei unterschiedliche Bedeutungen, was für unsere Kommunikation kein Problem darstellt. Wörter gewinnen ihre Bedeutung im sozialen Diskurs. Wenn mein Zahnarzt sich besorgt über mein Karies äußert, werde ich auch mit dem veränderten Sprachgebrauch nicht versucht sein zu glauben, er meine das Wasserbehältnis vor ihm.

Gleiches können wir etwa beim Wort *Bank* beobachten.

Wörter können aus sozialkonstruktionistischer Sicht also kein Abbild der Realität sein. Vielmehr gewinnen sie ihre Bedeutung im Diskurs, einem Tanz gleich, einem Spiel gleich. Wittgensteins Sprachspiel (vgl. Kap. 6) ist also eine durchwegs sozialkonstruktionistische Auffassung davon, was Sprache kann.

Austin (1998), ein Schüler Wittgensteins, erweitert dessen Konzept insofern, als dass er einführt, dass wir *mit Worten Dinge tun*. Er nennt das einen *Sprechakt*.

Offensichtlich mag dies bei Sätzen wie „Ich befördere Sie zum Produkteverantwortlichen" oder „Ich schlage Sie zum Ritter" der Fall sein. Die Worte vollbringen einen Akt. Gleiches lässt sich aber auch für Sätze wie „Ich lade dich zur Party ein" oder „Wart mal einen Moment" feststellen. Alle diese Sätze vollbringen etwas auf zwischenmenschlicher Ebene und werden das Gegenüber zu einer Handlung veranlassen.

Die zwischenmenschliche Beziehung erhält im Sozialen Konstruktionismus einen zentralen Platz.

Damit verliert die sogenannte Selbsterkenntnis an Stellenwert. Wenn sie etwas zu bedeuten hat, dann nicht, dass sich das Individuum selber korrekt erfassen kann. Selbsterkenntnis kann im besten Fall ein Gefühl für die eigenen Sprachspielmöglichkeiten bieten. Sie kann ein gelungener Anlass für einen sozialen Diskurs, ein Sprachspiel sein. In diesem Sinn ließe sich sagen: Selbsterkenntnis ist interessant. Vor allem die Selbsterkenntnis der anderen.

Beratung zielt aus dieser Sichtweise also nicht darauf, sich selber optimal zu verstehen, sondern darauf, in der sozialen Begegnung optimal zu bestehen.

Wird ein Wort aus seinem Verwendungszusammenhang gerissen und in einen fremden Kontext gesetzt, so wird das Wort zur Metapher. So kann ich sagen, das Fleischstück schmecke nach einer alten Schuhsohle. Die Schuhsohle hat im Zusammenhang mit kulinarischen Diskussionen an sich keinen Verwendungszweck. Fügt man sie dennoch neu in diesen Kontext, wird sie zur Metapher.

Das Neue ist im Grunde also immer metaphorisch. Metaphern haben in dieser Sichtweise also für das Lernen und die Entwicklung des Menschen eine besondere Bedeutung.

Auch Lakoff und Johnson (2000) argumentieren in diesem Sinn sozialkonstruktionistisch, wenn sie behaupten, dass unsere ganz normale Alltagssprache metaphorisch strukturiert sei (vgl. Kap. 3.5).

So ist für Lakoff und Johnson etwa eine *Diskussion* nach der Metapher des *Krieges* strukturiert: Wir *gewinnen* eine Diskussion. Wir führen Argumente *ins Feld*. Wir diskutieren mit einem *Gegner*. Unsere Kritik ist *vernichtend*.

Wenn es uns gelänge, eine Diskussion etwa in der Metapher eines Tanzes zu sehen, so würde sich auch unsere Wahrnehmung von Diskussionen verändern.

7.4 Die Möglichkeiten von Therapie und Beratung

Geschichten als Beratungsintervention einzusetzen beruht auf einem sozialkonstruktionistischem Weltbild. Wie stellt sich nun diese Sichtweise generell zu Beratungen und Therapien?

Aus sozialkonstruktionistischer Sicht bewerten wir unser Verhalten im sozialen Diskurs. Verhalten *an sich* ist nie krank. Es wird erst *im sozialen Kontext*, in dem es sich zeigt, als krank oder gesund bewertet.

Welche Möglichkeiten und Methoden bieten nun Beratungsansätze, die sich auf sozialkonstruktionistische Grundlagen stützen?

7.4.1   Von der Notwendigkeit von Therapie und Beratung

Es stellt sich zuerst die grundsätzliche Frage nach der Notwendigkeit von Therapie und Beratung. Mit Blick darauf, dass noch in den 1970er Jahren homosexuelle Männer mit Elektroschocks beim Anblick nackter Männer "therapiert" wurden, stellt sich Gergen (2002, S. 211) die Frage, ob unsere heutigen Therapieversuche der Depression nicht auf der Vision einer dauernd glücklichen Gesellschaft beruhten.

Die Gesellschaft stellt fest, was in der Norm ist und was nicht. Heute ist bei rund der Hälfte aller Schulkinder ein sprachliches, mathematisches, motorisches oder sonst ein Defizit diagnostiziert und sie benötigen deshalb spezielle Förderung. Dies ruft um ihr Kind besorgte Eltern und eine Vielzahl von Therapeutinnen und Therapeuten auf den Plan. Diese verfeinern die Diagnostik, definieren präzisere Normen und machen damit immer weitere Kinder therapiebedürftig.

Dabei ist auch die Diagnose, von Menschen gestellt, immer sozial konstruiert und keinesfalls objektiv. Rosenhan (1985) führte dazu folgendes Experiment durch:

Acht klinisch absolut unauffällige Personen, einschließlich Rosenhan selbst, wurden als Scheinpatienten in psychiatrische Kliniken eingewiesen. Beim Aufnahmegespräch stellten sie ihre Lebensumstände und ihre familiären Vorgeschichten wahrheitsgetreu dar. Einzig ihr Name (und teilweise der Beruf) wurde verändert. Die Scheinpatienten gaben an, sie hätten beunruhigende Stimmen gehört. Daraufhin wurden sie mit der Diagnose *Schizophrenie* in die Klinik eingewiesen.

Einige der Scheinpatienten verhielten sich in den ersten Tagen aufgrund der ungewohnten Situation wohl etwas unruhig, ansonsten verhielten sie sich ab dem Zeitpunkt der Einweisung ganz genau so wie sie das im Alltag tun würden. Sie sprachen wie sie es gewohnt waren mit anderen Patientinnen und Patienten, versuchten Kontakte zu knüpfen, befolgten die Anweisungen des Klinikpersonals. Sie gaben an, die Stimmen nie mehr gehört zu haben und zeigten auch sonst keinerlei Symptome.

Nach 7 bis 52 Tagen wurden die Scheinpatienten mit der Diagnose *Schizophrenie in Remission* entlassen. Ihre vermeintliche Krankheit wurde niemals in Frage gestellt.

In anderen psychiatrischen Kliniken wurde dem Personal mitgeteilt, man hätte zu Versuchszwecken solche Scheinpatienten/-patientinnen bei ihnen eingeschleust. Psychiater und Personal sollten beurteilen, wer mit hoher Wahrscheinlichkeit nur zum Schein krank sei. Rund 10 % aller beurteilten Patienten/Patientinnen wurden von einem Psychiater *und* einem Mitglied des Personals als wahrscheinliche/r

Scheinpatient/in eingestuft. In Wahrheit gab es in diesen Kliniken jedoch gar keine solchen Scheinpatienten/-patientinnen (vgl. Rosenhan 1985).

Auch aus konstruktivistischer Sicht gibt es Dinge, die nicht in der Norm liegen: Mord liegt nicht in der Norm, Psychosen ebenso. Doch die meisten unserer Schwierigkeiten, insbesondere jene, mit denen wir im Beratungskontext zu tun haben, sind in erster Linie sozial konstruiert. Welche Beratungs- und Therapieansätze sind aus konstruktivistischer Sicht nun möglich?

7.4.2 Von konstruktivistischen Beratungsansätzen

Konstruktivistische Therapie- und Beratungsmodelle fokussieren die Bedeutungszuweisungen der Klienten/Klientinnen und damit deren Lösungen und nicht deren Problem. Auf die Aussage des Klienten/der Klientin „Ich habe ein burnout!" könnte der Berater/die Beraterin das burnout ins Zentrum setzen und beschreiben lassen. Oder er/sie könnte die Lösung fokussieren und etwa antworten „Woher wissen Sie das?" oder: „Haben Sie das burnout den ganzen Tag, 24 h, auch nachts?" (vgl. Schlippe und Schweitzer 2003, S. 35).

Berater/innen verstehen sich in diesen Ansätzen nicht als Wissende sondern als Neugierige.

Grundlage vieler dieser Beratungsmodelle ist die *lösungsorientierte Kurztherapie*, die in den 1970er Jahren von Steve de Shazer, seiner Frau Insoo Kim Berg und weiteren in den USA entwickelt wurde.

Lösungsorientierte Beratung oder Therapie orientiert sich an der angestrebten Lösung und nicht an der aktuellen Schwierigkeit. Es ist nicht notwendig das bestehende Problem in allen Tiefen zu erkunden und damit letztlich auch zu stärken. Zielführender ist die Frage nach dem angestrebten Zustand (vgl. Kap. 7.4.3).

Narrative Elemente, wie sie in diesem Buch im Zentrum stehen, sind für sozialkonstruktionistische Beratungskonzepte von großer Bedeutung. Einerseits in der beschriebenen Form als Erzählung des Beraters/der Beraterin. Andererseits geht es zentral darum, dass Klienten/Klientinnen ihre eigene Geschichte neu schreiben, konstruieren können.

Das Leid einer gescheiterten Ehe etwa entspringt aus der gemeinsamen Geschichte des Paares, dessen vorrangiges Ziel das Eheglück wäre. Wenn nun diese Geschichte nicht gelebt werden kann, so ermöglicht erfolgreiche Therapie dem Klienten/der Klientin, die Geschichte des eigenen Lebens neu zu konzeptualisieren (vgl. Gergen 2002, S. 215 ff.).

Nardone und Watzlawick (1994, S. 29 ff.) stellen ihrem Therapiemodell vier Häresien voran, welche stellvertretend für alle konstruktivistischen Modelle stehen können:

1. *Wahrscheinlichkeit statt „Wahrheit":* Es gibt keine richtigen, wahren Gründe und Lösungen, es gibt lediglich Wahrscheinlichkeiten und Möglichkeiten.
2. *Vom Wissen „warum" zum Wissen „was tun":* Wesentlich ist nicht zu ergründen, warum die Vergangenheit so war, sondern was es in der Zukunft zu tun gilt.
3. *Der Therapeut trägt Verantwortung:* Die Initiative für die angewandten Strategien bleibt beim Therapeuten/bei der Therapeutin. Sind nicht sehr schnell Zeichen einer Verbesserung erkennbar, ändert der Therapeut/die Therapeutin die Strategie.
4. *Wandel kommt vor Einsicht:* Die pragmatische Aufmerksamkeit des Therapeuten/der Therapeutin richtet sich auf die Handlung und das Aufbrechen der problematischen Situation. Die Einsicht folgt auf die geglückte Handlung. Dies ist eine Umkehrung traditioneller Therapie- und Beratungskonzepte.

7.4.3   Von Interventionen in konstruktivistischen Ansätzen

Was für das Erzählen von Geschichten gilt, gilt im Grunde für alle Interventionen in konstruktivistischen Beratungsansätzen: Sie sollen dem Klienten/der Klientin ermöglichen, die eigene problematische Situation neu zu konstruieren. Wie wir gesehen haben, ist nicht die Situation an sich problematisch, sondern die Konstruktion des Klienten/der Klientin. Diese Konstruktionen können jedoch recht stabil sein und bestätigen sich häufig selber. Interventionen haben also das Ziel, diese starren Konstruktionen zu durchbrechen und neue Konstruktionen zu ermöglichen, den Fokus der Betrachtung zu verschieben.

Welche Interventionen werden in konstruktivistischen Beratungsansätzen verwendet? Ich nenne drei Beispiele:

Wichtiges Mittel lösungsorientierter Gespräche ist die sogenannte *Wunderfrage.*

„Wenn in der nächsten Woche ein Wunder passieren würde und ihr Problem wäre verschwunden: Woran würden Sie erkennen, dass es nicht mehr da ist? Was würden Sie anders machen, wenn das Problem nicht mehr da wäre?" Mit diesen und ähnlichen Fragen soll der Fokus des Klienten/der Klientin auf die positive Zukunft gerichtet werden und alternative Handlungsweisen erforscht werden, statt in der belasteten Vergangenheit zu grübeln.

Das gleiche Ziel verfolgt die Frage des Beraters/der Beraterin bei der ersten Begegnung mit dem Klienten/der Klientin: „Was hat sich an ihrem Problem bereits verbessert seit wir diesen Termin vereinbarten?"

Tatsächlich lässt sich häufig feststellen, dass bereits durch die Gewissheit, dass sich jemand um das Problem kümmern wird, beim Klienten/bei der Klientin eine veränderte Konstruktion der Wirklichkeit und damit eine subjektive Verbesserung der Lage einstellt. Diese besondere Form der Symptomverringerung bezeichnet man als *Hawthorne-Effekt.*

> Bei einer gezielten Nachfrage zeigte sich, dass 2/3 der anmeldenden Klienten bereits vor dem Erstgespräch Veränderungen wahrgenommen hatten, die sie als wünschenswert in Bezug auf die von ihnen identifizierten Probleme einschätzten. (Schlippe und Schweitzer 2003, S. 36)

Paradoxe Interventionen stellen die bisherige Konstruktion des Klienten/der Klientin radikal in Frage. Als Beispiel mag folgendes, fiktives Gespräch dienen (nach Nardone und Watzlawick 1994):

Klientin: Ich fühle mich von meiner Chefin einfach sehr ungerecht behandelt.
Berater: Nach allem was Sie mir erzählen, glaube ich das auch. Es ist wohl noch viel schlimmer als Sie es zu sagen wagen und Sie werden systematisch gemobbt. Ich bin überzeugt, es läuft alles darauf hinaus, Sie möglichst schnell loszuwerden.
Klientin: Machen Sie sich lustig über mich?
Berater: Nein, nicht doch. (lächelt) Ich wette, Sie künden die Stelle schon bald. Das hält auf die Dauer kein Mensch aus. Ihre Chefin ist ein Monster.
Klientin: Sie wissen genau, dass das nicht so ist. Meine Arbeit wird geschätzt und niemand möchte mich loswerden. Es sind eigentlich Kleinigkeiten, die mich stören.

Selber bin ich zurückhaltend mit paradoxen Interventionen. Im Beratungskontext scheint mir Ihre Anwendbarkeit weniger gegeben als im therapeutischen Zusammenhang.

Doch das Prinzip zeigt gut auf, wie Interventionen auf eine Neukonstruktion zielen.

Zur Konstruktion gehören auch Annahmen darüber, wie der Berater/die Beraterin auf die problematische Situation zu reagieren hat. Werden diese Erwartungen des Klienten/der Klientin im Beratungssetting enttäuscht, bricht auch ein Teil seiner/ihrer (problematischen) Konstruktion zusammen.

Diese bewusste Enttäuschung erachte ich auch im Beratungskontext als sinnvolle, in gewissem Sinn paradoxe Intervention. So sind Klienten/Klientinnen unter Umständen gezwungen ihre bisherige Rolle und Konstruktion der Welt zu verlassen und zur eigenen Kraft zurück zu finden.

Wenn Berater/Beraterinnen statt gute Tipps zu geben und kluge Fragen zu stellen, lieber eine lustige Geschichte erzählen, so kann das die Erwartungen der Klienten/Klientinnen enttäuschen und nur schon damit zu einer Neukonstruktion beitragen.

Zirkuläre Fragen zielen ebenfalls auf eine Neukonstruktion der Wirklichkeit. Sie haben einen systemischen Hintergrund. In Anlehnung an Schlippe und Schweitzer (2003, S. 138 ff.) verdeutlicht folgendes Beispiel, was zirkuläre Fragen sind:

Wenn ein Teammitglied, nennen wir ihn Andreas, während einer Beratungssitzung einen Wutanfall hat, so kann der Berater/die Beraterin Andreas danach fragen, was in ihm vorgeht, wenn er diesen Anfall hat. Das wird die typische Fragestrategie sein und bestimmte Informationen liefern.

Auch möglich wären zirkuläre Fragen. So könnte man ein anderes Teammitglied fragen, was er/sie glaube, was in Andreas gerade vorgegangen sei. Oder eine dritte Person könnte Auskunft darüber geben, was es seiner Ansicht nach wohl in einem anderen Teammitglied auslöst, wenn Andreas einen Wutanfall hat.

Mit diesen Fragen, weg vom Individuum hin zum sozialen Kontext, können weitere Informationen gewonnen und neue Blickwinkel eingenommen werden. Das erhöht die Chance, problematische Situationen neu zu konstruieren. Es wird nach Mustern und sozialen Zusammenhängen gefragt, nicht nach vermeintlichen Ursachen und Fakten.

> Menschen denken ständig über andere nach und darüber, was andere über sie denken und was andere denken, dass sie über andere denken, usf. Man fragt sich, was nun in den anderen vorgehe, man wünscht oder fürchtet, dass andere Leute wissen könnten, was in einem selbst vorgeht. (Laing et al. 1971, S. 37)

Wenn es gelingt, mit Interventionen die problematischen Konstruktionen des Klienten/der Klientin aufzubrechen, dann entsteht Raum für eine Neukonstruktion, für neue Wirklichkeiten, für neue Geschichten.

Teil III

Die Geschichten

8

Im folgenden dritten Teil des Buches stelle ich einige Geschichten vor, die ich in Coachings oder Weiterbildungssituationen öfters verwendet und als sehr geeignet erfahren habe. Es ist eine Auswahl subjektiv bedeutungsvoller Geschichten.

Als Vorbemerkung beschreibe ich jeweils kurz, in welcher Situation ich die Geschichte typischerweise erzähle („Kontext"). Es wird für den Leser/die Leserin ein leichtes sein, zu den exemplarischen Beratungssituationen eigene, analoge Situationen zu finden.

Die Geschichten sind *nacherzählt*, so wie sie es in der konkreten Coachingsituation eben meistens sind, da der Originaltext in diesem Moment nicht zum Vorlesen verfügbar ist. Es soll so ein möglichst praxisnahes Bild zum Einsatz der Geschichten vermittelt werden. In diesem Sinn habe ich auch unterschiedliche Eröffnungen („Erzählankündigung") und Abschlüsse der Intervention („Ableitungsangebot an Klient/in") formuliert. Darin werden die in Kap. 3 geschilderten Grundsätze in der Praxis sichtbar: Ein Rederecht wird eingeholt, Bedeutungen relativiert, Ableitungsversuche zur Verfügung gestellt, Moralaussagen transparent gemacht, usw. Idealerweise bieten die Geschichten so immer auch wieder Anknüpfungspunkte für die kreative Erweiterung durch den Klienten/die Klientin.

Die jeweils abschließenden Hinweise zum Einsatz der Geschichten zeigen dem Leser/der Leserin

a. welche Entwicklungsrichtung/Ziele ich mit der Erzählung verfolge – im Wissen darum, dass eine direkte, kausale Einflussnahme auf andere undenkbar ist, und
b. in welcher Weise die Geschichten möglicherweise wirken könnten.

Auch mit der Beschreibung möglicher Ziele und Wirkungsweisen soll möglich werden, die theoretischen Grundlagen aus dem ersten Teil des Buches mit den konkreten Praxisbeispielen zu verknüpfen.

© Springer Fachmedien Wiesbaden 2016
D. Duss, *Storytelling in Beratung und Führung*,
DOI 10.1007/978-3-531-19783-8_8

Wer die eine oder andere Geschichte für die eigene Praxis ebenfalls nutzen möchte, wird den Originaltext gerne selber lesen. Die Quellenangabe findet sich bei jeder Geschichte.

Ich habe zwischen Geschichten aus der Literatur und persönlichen Erfahrungsberichten unterschieden (Kap. 5.2). Ich stelle diesen literarischen Geschichten daher zwei persönliche Erfahrungsberichte voran, die ich in Coachings mehrfach erzählte. Auch sie mögen dem Leser/der Leserin als konkretes Anwendungsbeispiel dienen.

Im besten Fall soll diese kleine Geschichtensammlung den Leser/die Leserin dazu motivieren, sich selber auf die Suche nach Geschichten zu machen, die er/sie als Berater/in einsetzen könnte. Auf die Suche nach Geschichten, die für ihn/sie bedeutungsvoll und erzählenswert sind.

Ich bin überzeugt, Geschichten lassen sich nicht rezeptartig einsetzen, im Stil von *Hat der Klient einen Rollenkonflikt, dann erzählen Sie folgende Geschichte...*

Zwar sind solche Geschichtensammlungen greifbar, doch in meiner Wirklichkeit funktionieren sie nicht. Am Anfang steht die Lust am Erzählen.

Die folgende Sammlung versteht sich also nicht als Rezeptbuch. Wenn schon, dann ist sie eine Speisekarte. Der Leser/Die Leserin wählt aus, genießt und freut sich darauf, bald zu Hause selber zu kochen.

8.1   Sich in eine Rolle begeben

Ein persönlicher Erfahrungsbericht über die Fähigkeit, eine Rolle zu gestalten

Kontext
Lehrpersonen, die neu im Beruf sind, bekunden Mühe, die Rolle des Lehrers/der Lehrerin zu übernehmen. Sie wollen beispielsweise nicht so streng sein, wie es die Schüler/innen offenbar von ihnen erwarten.

Die Geschichte
[Erzählankündigung] Das erinnert mich daran, wie ich in meinen ersten Berufsjahren als Lehrer bitterlich lernen musste, dass es notwendig ist, eine bestimmte Rolle, in meinem Fall die des Lehrers, wahrzunehmen. Auch wenn diese Rolle nicht in jeder Einzelheit den eigenen Vorstellungen entspricht.

Das ist jetzt zwar nicht so interessant, von mir zu erzählen, aber es gab jeweils eine typische Situation, in der ich mich bewusst in die Rolle begeben musste:

[Erzählung] Zu meinem Schulzimmer gehörte damals eine kleine Garderobe, in welcher die Schüler/innen ihre Schuhe auf eine dafür vorgesehene Ablage stellen mussten. Während der ersten Wochen mit einer neuen Klasse ging ich täglich mehrmals in diese Garderobe und nahm die Schuhe zusammen, die am Boden standen und herumlagen. Ich fragte, wem die Schuhe gehörten und schickte den "Übeltäter" mit einem vorwurfsvollen Blick zurück in die Garderobe. Er musste seine Schuhe säuberlich auf die Ablage stellen. Mein Kopfschütteln begleitete ihn.

Wissen Sie, im Grunde war es mir eigentlich egal, wo seine Schuhe standen. Ich selber hatte keine besonders gute Ordnung in meiner privaten Garderobe.

Doch das war in dieser Situation nicht entscheidend. Maßgebend war, dass ich *der Lehrer* war, der eine bestimmte Regel durchzusetzen hatte. Und an diesem Beispiel sollten die Schüler/innen auch lernen: Wenn der Lehrer eine Regel aufstellt, dann kontrolliert er sie auch und beharrt auf korrektem Verhalten.

Diese Konsequenz erwarteten die Schüler/innen von mir. Dieser Erwartung musste ich als Lehrer auch gerecht werden.

Ich musste mich bewusst in diese Lehrer-Rolle begeben. Und so ging ich täglich in die Garderobe zur Kontrolle, innerlich manchmal widerwillig, manchmal über mich selber schmunzelnd. Aber ich nahm die Rolle wahr: *Ich war der Lehrer*.

Ich konnte die Rolle wie ein Arbeitsgewand überziehen. Und ehrlich gesagt war ich oft auch froh, das Gewand abends wieder ausziehen zu können.

[Ableitungsangebot an Klient/in] Ja, das scheint mir zentral: Eine Rolle wie ein Gewand überziehen. Schuhe kontrollieren, die einem nicht interessieren. Wie sieht das bei Ihnen aus? Was müssen Sie in Ihrem Rollengewand tun, das doch eigentlich gar nicht zu Ihnen passt? Kennen Sie das: Schuhgestelle kontrollieren….

Ziele der Intervention
Der Klient/Die Klientin hat an Überzeugung gewonnen, dass sich eine Rolle bewusst übernehmen und gestalten lässt und erfährt, dass diese Rolle nicht immer den eigenen Überzeugungen entsprechen muss.

Mögliche Wirkungsweisen der Intervention

- *Steigerung der Selbstwirksamkeitserwartung*
- *Indirekte Mitteilung*
- *Stellvertretendes Modell (sofern Berater/in aus demselben Arbeitsgebiet stammt)*

Weitere Bemerkungen
Zum gleichen Thema lässt sich auch die Situation im Hier und Jetzt heranziehen: Ich schildere, wie ich mich in die Rolle des Beraters begebe. Wie ich vor einem Referat mir klar mache, dass nun erwartet wird, dass ich Experte bin.

Klienten/Klientinnen reflektieren anschließend öfters, welche Rollen sie in Ihrem Leben gestalten. Und welche Strategien sie haben, in die Rollen zu kommen.

Je nach Kontext der Beratung lässt sich an der Geschichte auch ein Stück Rollentheorie aufzeigen: Eine Rolle als Erwartungsbündel, als Summe der Erwartungen des Umfeldes.

8.2   Man verändert sich nur mühsam

Ein persönlicher Erfahrungsbericht über das Scheitern an den eigenen Anforderungen

Kontext
Professionelle richten an sich selber oder an andere unrealistische Erwartungen und leiden darunter, dass diese nicht erfüllt werden können. Beispielsweise erwarten Lehrpersonen, dass die Schüler/innen ihr problematisches Verhalten verändern können, wenn das gefordert wird. Sie leiden darunter, dass diese Verhaltensveränderung einfach nicht eintritt und machen die Schüler/innen dafür verantwortlich.

Die Geschichte
[Erzählankündigung] Wissen Sie, das tönt gut und schön. Und vielleicht sind Ihre Schüler tatsächlich lauter Bösewichte. Ich verstehe Ihren Ärger allzu gut.

Aber mir fällt dabei auch ein Erlebnis ein, das ich als Lehrer mal hatte. Es war für mich eine Art Schlüsselerlebnis. Da ging es mir ganz ähnlich wie Ihnen. Und ich erfuhr dabei etwas ganz anderes, auch über mich. Mögen Sie das hören, was mir passierte? Gut:

[Erzählung] Ich leitete die Schülerinnen und Schüler immer wieder an, sich selber Ziele zu setzen. Besser Ordnung halten, mehr Fremdsprachen üben, nicht mit der Pultnachbarin schwatzen. Sie kennen das…

Einmal mussten sich die Schülerinnen und Schüler zwei Ziele für den nächsten Monat auf zwei farbige Blätter schreiben und diese auf ihr Pult kleben. Es war mir klar: Wer seine Ziele so groß täglich direkt vor Augen hat, muss einfach Fortschritte in diesem Bereich machen. Vergessen gilt nicht mehr. Alles eine Frage des Wollens.

An jenem Tag haderte ich wohl gerade auch mit den eigenen Schwächen in meiner Arbeitsweise. Und so schrieb ich mir selber auch zwei Ziele auf farbige Blätter und klebte sie mir auf das Pult. Nicht etwa in didaktischer Absicht. Nein, es waren echte, persönliche Ziele: Absenzen sorgfältig nachführen zum Beispiel, aber reden wir nicht davon…

Nach einem Monat war ich ernüchtert. An meinen alten Schwächen hatte sich rein gar nichts verbessert. Aber wirklich gar nichts. Die Ziele waren groß und farbig vor mir gestanden, jeden Tag. Ich wollte die Ziele erreichen. Aber es gelang nicht. Ich konnte mich schlicht nicht verändern. Für die Klasse war mein Misserfolg durchaus positiv, denn ich lernte viel darüber, wie schwer sich Menschen verändern und wie unplanbar das manchmal ist.

Jedenfalls waren für einmal alle entschuldigt, die ihre Ziele nicht erreicht hatten.

[Ableitungsangebot an Klient/in] Können Sie sich das vorstellen?

Ziele der Intervention
Die eigene Unvollkommenheit erscheint in neuem Licht und kann besser akzeptiert werden. Lehrpersonen beurteilen manches Fehlverhalten der Schüler/innen nicht als Böswilligkeit und werden milder in der Beurteilung. Die persönliche Belastung nimmt dadurch ab.

Mögliche Wirkungsweisen der Intervention

* *Veränderte Konnotation der Wirklichkeit*
* *Indirekte Mitteilung*
* *Beziehungsaufbau*

Weitere Bemerkungen
Eine Erzählung des Scheiterns – Der Klient/Die Klientin sollte die Schadenfreude nicht allzu sehr verstecken müssen.

Erzählungen über das Scheitern des Beraters/der Beraterin lassen Ratsuchende erfahren, dass die eigene Arbeit bei allen Menschen immer mangelhaft bleibt. Und dass Humor helfen kann.

8.3   Der Esel, der einen Sack Salz trägt

Eine Geschichte darüber, dass „gut" nicht in jeder Situation „gut" ist nacherzählt aus: Aesop (2005) Fabeln. Reclam, Stuttgart. Seite 175

Kontext
Klienten/Klientinnen neigen manchmal dazu, bei Kollegen/Kolleginnen und Coachs nach klaren Tipps und Hinweisen zu suchen, die sie eins zu eins so übernehmen können. Gerade eine kollegiale Praxisberatung birgt die Gefahr, die Hinweise der Kollegen und Kolleginnen nicht als Anregung sondern als praxiserprobte, richtige Lösung unreflektiert zu übernehmen.

Die Geschichte

[Erzählankündigung] Es muss klar sein, Sie können hier nur Anregungen und Ideen bekommen. Aber ob das bei Ihnen gut ist und funktioniert, was bei mir oder jemand anderem gut war – keine Ahnung! Wir haben alle Erfahrungen, aber trotzdem müssen wir jede Situation wieder neu beurteilen. Was einmal gut war, ist nicht immer gut. Und nur Sie können Ihre Situation schlussendlich wirklich beurteilen. Das ist doch wie beim Esel bei Aesop. Kennen Sie die Geschichte?

[Erzählung] Der Esel ist mit schweren Salzsäcken beladen und bricht unter der Last fast zusammen. Die Sonne brennt. Und da muss er einen Fluss überqueren. Mitten im Fluss stürzt er und bleibt einen Moment im kühlen Wasser liegen. Er genießt die Abkühlung eine Weile und als er wieder aufsteht, da hat sich das Salz im Wasser aufgelöst und er ist von seiner Last befreit. Oh wie schön, das muss ich mir merken, denkt sich der Esel.

Und als er einige Tage später mit zwei Säcken voll Schwämmen beladen einen Fluss überquert, da ist ihm die Last eigentlich gar nicht zu groß. Trotzdem besinnt er sich auf das Glück vom letzten Mal und legt sich absichtlich ins kühle Wasser. Doch als er wieder aufstehen will... Da sind die Schwämme vollgesogen und der arme Esel bricht unter der gewachsenen Last zusammen und stirbt.

Brutal, was.

Bei Aesop heißt die Moral der Geschichte: Was in einer Situation gut ist, muss es nicht in jeder Situation sein.

[Ableitungsangebot an Klient/in] Ja, das denke ich eben auch. Also seien Sie kein Esel… Andere können Ihnen von ihren Erfahrungen erzählen. Aber glauben Sie ja nicht, das müsse für Sie auch stimmen. Wir haben alle was anderes geladen.…

Ziele der Intervention
Der Klient/Die Klientin hat an Sicherheit gewonnen, dass keine Situation gleich wie die andere ist. Beispielsweise werden so die Lösungsideen anderer relativiert.

Mögliche Wirkungsweisen der Intervention

* *Indirekte Mitteilung*
* *Anker*

Weitere Bemerkungen
Die Geschichte hat eine klare Moral und damit eine indirekte Mitteilung an den Klienten/die Klientin. Darum soll diese Moral auch transparent gemacht werden.

Ganz generell eignen sich die Fabeln von Aesop ganz gut als Beratungsintervention. Sie sind kurz und klar in ihrer Moral.

8.4 Gleichnis von den anvertrauten Talenten

Eine Geschichte darüber, dass man etwas aus seinen Talenten machen soll nacherzählt aus der Bibel, Matthäus 25, 14–30

Kontext
Klienten/Klientinnen zögern, ihre Talente einzusetzen. Sie denken, sie sollten vor allem ihre Schwächen korrigieren.

Die Geschichte

[Erzählankündigung] Wissen Sie, ich denke es ist wichtig, dass sie ihr Talent voll einsetzen können. Sie können schon auf Ihre Schwäche schauen, aber schauen Sie auch auf Ihr Talent. Ein Talent zu haben ist nämlich nicht nur ein Geschenk. Es ist auch eine Verpflichtung, etwas daraus zu machen.

Wissen Sie, ich bin überhaupt kein eifriger Kirchgänger, aber einmal hörte ich ein Gleichnis aus der Bibel, wo es genau darum geht. Das Gleichnis, wo sie mit dem Wind heulen und mit den Zähnen knirschen... Mögen Sie es hören?

[Erzählung] Da hatte ein Herr drei Diener. Als er auf eine große Reise ging, rief er sie herbei und vertraute ihnen sein Vermögen an: Dem ersten Diener gab er ein Talent. Talente waren damals Münzen. Der erste also bekam ein Talent, der zweite Diener zwei Talente und der dritte Diener fünf Talente. Jedem ganz nach seinen Fähigkeiten.

Als der Herr nach Jahren wieder zurück kam, rief er seine drei Diener zu sich. Sie sollten ihm zeigen, was mit seinem Vermögen in der Zwischenzeit passiert war.

Der dritte Diener, der mit den fünf Talenten, kam zum König und gab ihm zehn Talente zurück: Er hatte mit den Talenten hart gearbeitet und das war das Ergebnis.

Der Herr war hoch erfreut: Was für ein fleißiger Diener du bist. Setz dich an meine Tafel, zehn Ländereien sollst du erhalten.

Der zweite Diener hatte aus seinen zwei Talenten vier Talente erwirtschaftet.

Der Herr war wieder sehr erfreut: Was für ein toller Diener. Setz dich zu mir an die Tafel. Über vier Ländereien sollst du herrschen.

Der Diener mit dem einen Talent kam zum Herrn und hatte noch immer nur ein Talent. Er hatte es in der Erde vergraben, aus Sorge das Vermögen seines Herrn könnte verloren gehen. Schau, ich habe es immer noch, das eine Talent.

Als der Herr das hörte, wurde er zornig. Er nahm dem Diener das eine Talent weg und gab es dem erfolgreichsten Diener. „Wer hat, dem wird gegeben", heißt es da in der Bibel. Und den faulen Diener, den warfen sie hinaus in die äußerste Finsternis. Der Herr sagte, dort solle er mit dem Wind heulen und mit den Zähnen knirschen.

[Ableitungsangebot an Klient/in] Bitter, was.

Das gefällt mir so an der Geschichte: Die Überraschung, dass der letzte Diener nicht etwa besonderes Lob erhält... Vielleicht hätte man ihn ja nicht grad rauswerfen müssen, finde ich. Aber es stimmt schon: Wir sollten was aus unseren Talenten machen. Wenn wir sie nur vergraben, damit ihnen nichts geschieht, dann werden wir sie verlieren... und mit den Zähnen knirschen, im Wind heulen...

Welche Talente haben Sie vergraben? Kommen Sie, wir graben mal nach Talenten.

Ziele der Intervention

Die Klienten und Klientinnen sind bestärkt im Wissen, dass sie Talente haben, um etwas aus ihnen zu machen. Dass ihr Talent in diesem Sinn auch eine Verpflichtung ist.

Mögliche Wirkungsweisen der Intervention

* *Indirekte Mitteilung*
* *Anker*

Weitere Bemerkungen

Dass die Geschichte aus der Bibel stammt, gibt ihr wohl für viele Menschen eine besondere Wichtigkeit oder Autorität. Genau das kann je nach dem auch hinderlich sein. Es soll daher transparent sein, dass der biblische Kontext der Geschichte hier nicht von Bedeutung ist. Eine einleitende Bemerkung dazu soll die Rezeptionsbereitschaft der Zuhörenden erhöhen.

Die Geschichte versinnbildlicht das Phänomen, dass erfolgreiche Menschen noch erfolgreicher werden. Dass eben mehr erhält, wer schon mehr hat. Oder wie es manchmal heisst: Es regnet immer dorthin wo es schon nass ist.

Wer dieses Phänomen erkennt und verinnerlicht, ist aufgerufen, etwas aus seinem „Vermögen", seinen Fähigkeiten zu tun um es zu vermehren.

In der Soziologie nennt man das Phänomen im übrigen „Matthäus-Effekt", benannt nach diesem Gleichnis aus der Bibel.

Je nach Kontext und Klient/in kann es durchaus sinnvoll sein, auch diesen theoretischen Hintergrund der Geschichte transparent zu machen. Ich gehe hier mit den Ansätzen aus dem Zürcher Ressourcenmodell einig, die besagen, dass Transparenz über theoretische Modelle die Wirksamkeit im Selbstmanagement erhöhen. (vgl. Storch/Krause 2011)

8.5 Herr Keuner und die Zeichnung seiner Nichte

Eine Geschichte darüber, dass man nachfragen soll, wenn man etwas nicht versteht nacherzählt aus: Brecht, B (1971) Geschichten vom Herrn Keuner. Suhrkamp, Frankfurt am Main. Seite 69

Kontext
Zu Beginn einer Zusammenarbeit geht es um die gegenseitige Erwartungsklärung zwischen Beratungsperson und Klienten/Klientinnen. Der Berater/Die Beraterin will vermitteln, was für ihn/sie in der Zusammenarbeit wichtig ist.

Die Geschichte
[Erzählankündigung] Es ist mir wichtig, dass Sie Fragen stellen, wenn etwas unklar ist, wenn Ihnen etwas unlogisch erscheint. Manchmal, nicht immer, aber manchmal gibt es Erklärungen für scheinbar Unverständliches. Das ist wie beim Herrn Keuner von Bert Brecht. Brecht hat viele ganz kurze Geschichten geschrieben, in denen Herr Keuner Dinge erlebt.

[Erzählung] In einer Geschichte bekommt Herr Keuner von seiner Nichte ein Bild geschenkt. Die Nichte hat ein Huhn mit drei Beinen gemalt, das über einen Bauernhof fliegt. Da wundert sich Herr Keuner natürlich und er fragt seine Nichte, warum das Huhn drei Beine habe. Das Mädchen antwortet ihm, dass Hühner doch gar nicht fliegen könnten. Sie habe ihm doch deshalb ein drittes Bein zum Abstoßen malen müssen…Darauf sagt Herr Keuner: „Ich bin froh, dass ich gefragt habe."

[Ableitungsangebot an Klient/in] Ja. Ich bin froh, wenn Sie auch fragen. Vielleicht klärt das manchmal. Verstehen Sie?

Ziele der Intervention
Die Klienten/Klientinnen haben erfahren, dass es für die Qualität der Ergebnisse wichtig ist, dass sie nachfragen, wenn etwas unklar ist oder unsinnig erscheint.

Mögliche Wirkungsweisen der Intervention

* *Indirekte Mitteilung*
* *Anker*

Weitere Bemerkungen
Die Geschichte hat eine klare Moral und damit eine indirekte Mitteilung an den Klienten/die Klientin. Darum soll diese Moral auch transparent gemacht werden.

8.6   Der Jasager und der Neinsager

Eine Geschichte darüber, dass wer A sagt, nicht B sagen muss
nacherzählt aus: Brecht, B (1999) Der Jasager und der Neinsager. Suhrkamp, Frank-
furt am Main.

Kontext
Klienten/Klientinnen fühlen sich von äusseren Umständen zu einem bestimmten
Verhalten gezwungen. So haben sie sich vor einiger Zeit für etwas entschieden und
müssen dies nun gegen ihren Willen „durchziehen". Ganz so wie das Sprichwort
sagt: Wer A sagt, muss auch B sagen.

Die Geschichte
[Erzählankündigung] Müssen Sie das wirklich tun, weil Sie es mal gesagt haben? Sie haben A gesagt, müssen Sie jetzt deswegen auch B sagen? Um jeden Preis? Wissen Sie, in einer meiner Lieblingsgeschichten geht es genau um diese Frage, genau um dieses Sprichwort. Streng genommen sind es ja zwei Geschichten. Der Jasager und der Neinsager von Brecht. Ich liebe diese Geschichte, ich muss sie Ihnen einfach erzählen… In Ordnung?

[Erzählung] In einem Dorf grassiert eine schlimme Krankheit, die die Leute dahinrafft. Das Dorf liegt in einem abgelegenen Tal. Könnte man eine beschwerliche Wanderung über den Berg ins benachbarte Tal unternehmen: Das könnte helfen. Denn dort wohnen die grossen Mediziner, von denen man lernen könnte, die Krankheit zu bekämpfen.

Der Lehrer des Dorfes entschliesst sich daher mit drei Studenten zu der Wanderung ins benachbarte Tal. Als er sich bei einer sterbenskranken Frau verabschiedet, will ein Junge, ich glaube der Enkel der Frau, unbedingt auch mit auf die Wanderung. Der Lehrer lehnt ab. Das sei eine viel zu gefährliche und beschwerliche Wanderung für einen Jungen in seinem Alter. Aber der Junge bleibt hartnäckig und die Grossmutter willigt schliesslich ein. Der Lehrer wird deutlich und sagt dem Jungen, er könne dann aber nicht auf ihn Rücksicht nehmen, wenn den Jungen die Kraft verlasse. Er wiederhole, so eine Wanderung sei nichts für einen Jungen in seinem Alter. Der Junge geht also im Wissen um dieses Risiko mit auf die Wanderung, die zu den Weisen im benachbarten Tal führen soll.

Unterwegs passiert, was passieren muss: Der Junge hat keine Kraft mehr und kann nicht mehr weiter. Der Lehrer sagt, es sei unmöglich jetzt umzukehren, man sei nun unterwegs, es gehe darum, die Krankheit zu besiegen.

Was nun?, fragen die Studenten. Der Lehrer sagt, es gebe in solchen Situationen einen alten Brauch, der besage, dass man den Jungen nun fragen müsse, ob man ihn zurücklassen und weiter gehen solle. Der Junge müsse dem Brauch entsprechend „Ja" antworten. Denn „Wer A sagt, muss auch B sagen." Der Junge habe schließlich um die Gefahr gewusst.Wie es der Brauch verlangt, fragen die Studenten den Jungen, ob man weitergehen und ihn zurücklassen solle. Der Junge bejaht dem Brauch entsprechend – ein Jasager eben. Als Lehrer und Studenten weiter wollen, begehrt der Junge aber auf. Man solle ihn nicht einfach liegen lassen und dem qualvollen Tod überlassen. Das sei zu einfach. Man solle das Urteil vollstrecken. Man solle ihn ins Tal hinunter werfen. So tun es denn die Studenten. Sie werfen den Jungen das Tal hinunter. Und sie beklagen das Leid dieser ungerechten Welt. Doch die Studenten können ja nichts dafür... Brecht sagt: „Keiner schuldiger als der andere." „Und Steine hinterher."

Keine lustige Geschichte, ehrlich gesagt. Aber das habe ich ja auch gar nicht behauptet. Das war also „der Jasager" von Brecht. Und dann gibt es bei Brecht noch die Geschichte vom Neinsager....

Sie beginnt genau gleich: Krankheit – Großmutter – beschwerliche Wanderung – Sie wissen schon. Doch als der Junge schließlich gefragt wird, ob man ihn zurücklassen solle, da antwortet er nicht dem Brauch entsprechend. Nein! Man solle nun umkehren seinetwegen. Es stimme, er habe diese Reise im Bewusstsein des Risikos gewollt. Doch das sei ein Fehler gewesen, wie er jetzt sehe.

Und da sagt der Junge, was mich so berührt. Er sagt, wenn es im benachbarten Tal etwas zu lernen gebe, was er hoffe, so könne das nur sein, dass man in jeder Situation neu überlegen müsse. Denn, so steht es bei Brecht: „Wer A sagt, muss nicht B sagen. Er kann auch erkennen, dass A falsch war."

Und so kehren sie alle um, zurück ins Dorf, wo die Leute enttäuscht sein werden. Brecht schreibt: „Der Schmach entgegen." „Keiner feiger als der andere."

[Ableitungsangebot an Klient/in] Wissen Sie, das habe ich vom Neinsager gelernt, sehen Sie: Wer A sagt, muss nicht B sagen, er kann auch erkennen, dass A falsch war.

Wer A sagt, muss nicht B sagen, er kann auch erkennen, dass A falsch war.

Ja, so ist das bei Brecht und meiner Lieblingsgeschichte. Könnten Sie auch was anderes als B sagen?

Ziele der Intervention

Der Klient/Die Klientin hat an Mut gewonnen, Situationen immer wieder neu zu denken. Auch wenn es scheint, ein früherer Entscheid bestimme die heutige Situation eindeutig.

Mögliche Wirkungsweisen der Intervention

* *Indirekte Mitteilung*
* *Anker*

Weitere Bemerkungen

Das Sprichwort „Wer A sagt muss auch B sagen" prägt unser Denken und Handeln. Wir begründen damit Entscheidungen. Das Sprichwort ist bekannt und jederzeit verfügbar – und damit handlungswirksam grad so wie eine gute Geschichte.

Wenn es gelingt, das Sprichwort nach Brecht zu ergänzen, kann die bereits vorhandene Verankerung und einfache Verfügbarkeit des ursprünglichen Sprichwortes für die neue Erkenntnis genutzt werden.

Es wird aber bei Brecht auch deutlich: Das ist kein einfacher Spaziergang, nicht B zu sagen. Die Studenten gehen der Schmach entgegen. Auch das kann die Geschichte dem Klienten/der Klientin deutlich machen.

8.7 Das Fünfliterglas und die Steine

Eine Geschichte darüber, dass zuerst die Grundlagen und später die Details kommen. nacherzählt aus: Covey, St; Merrill R; Merrill R (1997) Der Weg zum Wesentlichen. Zeitmanagement der vierten Generation. Campus Verlag, Frankfurt am Main. Seite 81

Kontext

Etwa bei der Erarbeitung von Grundlagenpapieren (Konzepte, Leitsätze) einer Institution besteht die Gefahr, dass einzelne Teammitglieder von Beginn an nur die für sie persönlich besonders relevanten Details einbringen wollen. Oder es besteht nach den ersten Schritten die Befürchtung, man würde zu sehr beim Grundsätzlichen bleiben und die Details der Praxis vergessen.

Die Geschichte

[Erzählankündigung] Wissen Sie, wenn wir möglichst vollständig bleiben wollen, dann müssen wir uns zuerst an die großen „Brocken" machen, das Grundlegendste besprechen. Und all unsere persönlich wichtigen Details erst in einem zweiten Schritt einbringen.

Es erinnert mich an eine Geschichte, in der es auch darum geht. Ich will sie Ihnen gerne erzählen, denn sie zeigt schön, warum wir zuerst die großen Brocken angehen sollten.

[Erzählung] Ein Lehrer zeigt stellt ein großes Glas neben sich auf das Pult. Daneben liegen faustgroße Steine. Die Klasse rät, wie viele Steine im Glas Platz finden werden. Stein um Stein wird das Glas gefüllt, bis keiner mehr reinpasst und alle sich einig sind: Das Glas ist nun voll.

Doch da nimmt der Lehrer eine Schüssel mit Kies hervor. Und er leert eine ganze Menge von dem Kies in das Glas, das doch eben noch „voll" war.

Als das Glas mit Steinen und Kies aufgefüllt ist, ahnt die Klasse schon, dass es immer noch nicht „voll" ist. Richtig: Der Lehrer nimmt eine Schüssel mit Sand hervor und leert davon in das Glas, das nun endgültig voll scheint.

Doch da nimmt der Lehrer einen Wasserkrug hervor und leert noch über einen Liter Wasser in das Glas.

[Ableitungsangebot an Klient/in] Sehen Sie: Hätte er zuerst den Sand und dann das Kies in das Glas geleert, er hätte nicht alles hineingebracht.

In diesem Sinn. Lassen Sie uns zuerst über die großen Steine nachdenken.

Ziele der Intervention

Den Teammitgliedern ist bewusst, dass zuerst die großen, grundlegenden „Brocken" ihren Platz finden müssen, damit alles Platz haben wird.

Im besten Fall mag die Geschichte diese Aussage im Laufe des Prozesses einfacher abrufbar machen.

Mögliche Wirkungsweisen der Intervention

* *Anker*
* *Indirekte Mitteilung*

Weitere Bemerkungen

Es wäre denkbar, Steine unterschiedlicher Größe mitzunehmen. Die großen Themen auf die großen Steine zu schreiben. Die beabsichtigte Wirkungsweise wäre die gleiche: Wissen mit Bildern zu verankern.

8.8   Der Physiker Möbius nimmt Abschied

Eine Geschichte darüber, wie sich Menschen in Situationen des Abschieds verhalten.
nacherzählt aus: Dürrenmatt, F (1998) Die Physiker. Eine Komödie in zwei Akten.
Diogenes Verlag, Zürich. Seite 39 ff.

Kontext

Klienten/Klientinnen erfahren in ihrer beruflichen Arbeit einen schmerzhaften Abschied. Vielleicht trennen sie sich von ihrem Arbeitgeber und die eigenen Klienten/Klientinnen, mit denen sie so viele Erfolge erzielten, verhalten sich in den letzten Wochen plötzlich destruktiv und äußern sich herablassend über alles, was war.

Oder eine erfolgreiche Projektgruppe verliert zum Ende des Projektes plötzlich an Zusammenhalt. Die Gruppenmitglieder werden unzuverlässig und demotiviert.

Die Geschichte

[Erzählankündigung] In solchen Momenten fällt mir persönlich oft die Abschiedsszene bei Dürrenmatts Physikern ein. Kennen Sie die auch? Das Buch haben Sie vielleicht mal in der Schule gelesen, „Die Physiker", wie viele andere es auch mussten. Es ist trotzdem ganz wunderbar, das Buch. Das muss ich Ihnen einfach erzählen. Ok? Die Szene, die ich Ihnen erzähle, spielt in einem Irrenhaus.

[Erzählung] Drei Physiker sind in der Geschichte nämlich in einem Irrenhaus. Zwar sind die drei gar nicht verrückt, aber das gehört jetzt nicht hier hin. Einer der Physiker heißt Möbius. Ihm erscheint regelmäßig der König Salomo.

Eines Tages kommt seine Frau mit den drei Kindern und mit ihrem neuen Partner, dem Missionar Rose, zu Besuch, um sich zu verabschieden. Sie wollen nach den Marianen oder so auswandern und sich nun von ihrem Mann und Vater verabschieden kommen.

Es gibt ein paar schöne Worte und dann nehmen die drei Jungs ihre Blockflöten hervor und spielen dem Vater ein Stück zum Abschied. Rührend! Herzerwärmend.

Doch dann hat Möbius eine Erscheinung. Salomo erscheint ihm und Möbius beginnt zu schreien, wird ausfällig. Die schlimmsten Flüche gibt ihm Salomo ein und er jagt seine Familie zum Teufel. Ob dieser Tirade des Vaters brechen die Jungs natürlich in Tränen aus, brechen ihr Flötenspiel ab und packen ihre Blockflöten heulend zusammen. Die Familie ist bestürzt, das können Sie sich vorstellen… Möbius schreit ihnen noch ein paar Unanständigkeiten hinterher, vom Weltall, das vollgekotzt wird und anderes Hässliches mehr. Möbius gibt erst Ruhe, als die Familie gegangen ist.

Die Pflegerin, die das alles miterlebt, geht danach zu Möbius und sagt: Wissen Sie, Möbius, ich kenne Sie und Ihre Anfälle nun schon gut. Doch das war kein echter Anfall, der König Salomo ist Ihnen doch gar nicht erschienen! Möbius sagt, ja, das stimme. Er habe das nur vorgespielt. Die Pflegerin versteht die Welt nicht und fragt Möbius, wie er nur so unmenschlich habe handeln können.

Möbius entgegnet, das sei im Gegenteil die menschlichste Art gewesen, sich zu verabschieden. Seine Familie könne nun gehen, ohne ihm nachzutrauern, ohne ein schlechtes Gewissen zu haben. Sie könnten ihn in Ruhe vergessen. Er habe ihnen damit nur den Abschied leicht gemacht.

[Ableitungsangebot an Klient/in] Schöne Szene, oder. Vor allem die drei Jungs und ihr Flötenspiel…

Und ja, das hilft mir manchmal, der Gedanke an Möbius. Wissen Sie, auch als ich noch Lehrer war, war es so: Bevor ich eine Schulklasse nach drei Jahren aus ihrer Schulzeit entlassen habe, wurden manche Schülerinnen, eher die Mädchen, ganz wehmütig und traurig, sie versicherten einander, sich nie aus den Augen zu verlieren, und so weiter. Andere Schüler aber, eher Jungs in meiner Erfahrung, zeigten sich nochmals von ihrer schlimmsten Seite. Sie sagten etwa, wie schlimm ich als Lehrer gewesen sei, überhaupt das Allerletzte. Vielleicht fanden sie erst im Abschied den Mut, das zu sagen, und ich zweifelte an meiner Arbeit dreier Jahre. Aber dann dachte ich an Möbius. Sie wollten uns den Abschied wohl einfacher machen. Wir konnten einander danach getrost vergessen, brauchten nicht traurig zu werden.

Wissen Sie, wie ich das meine? Vielleicht ist das bei Ihnen ja nicht anders.

Ziele der Intervention
Das schwierige Verhalten anderer soll als möglicher Schutzmechanismus in Situationen des Abschieds verstanden werden können. Der Humor der Geschichte soll dem Thema zudem etwas der Schwere genommen haben.

Mögliche Wirkungsweisen der Intervention

* *Veränderte Konnotation der Wirklichkeit*
* *Anker*

Weitere Bemerkungen

Die Geschichte passt auf diese spezifischen Abschiedssituationen für die Klienten/ Klientinnen oftmals ganz ausgezeichnet. Sie kann Hilfe bieten.

Berater/innen sollten beim Einsatz aber auch darauf achten, dass damit nicht jedes Problem „unter den Tisch gewischt wird". Auch wenn tatsächlich oft der beschriebene Mechanismus spielt, so soll doch wachsam geblieben werden, was an vorgebrachter Kritik dran ist und für den bevorstehenden Neuanfang genutzt werden soll.

8.9 Beppo Strassenkehrer

Eine Geschichte darüber, dass große Aufgaben Schritt für Schritt angegangen werden sollen.

nacherzählt aus: Ende, M (1973) Momo. Die seltsame Geschichte von den Zeit-Dieben und von dem Kind, das den Menschen die gestohlene Zeit zurückbrachte. K Thienemanns Verlag, Stuttgart. Seite 36 ff.

Kontext

Klienten/Klientinnen oder Projektmitarbeitende fühlen sich von den großen Aufgaben und Herausforderungen, die vor ihnen liegen, überfordert. Sie denken, das schaffen wir nie.

Die Geschichte

[Erzählankündigung] Wissen Sie, da liegt eine große Aufgabe vor uns allen. Und heute die erste Sitzung - scheinbar noch gar nichts ist gemacht. Ein besonderer Moment. Manchmal, wenn ich vor so großen Aufgaben wie dieser stehe, zweifle ich ehrlich gesagt bisweilen daran, ob ich das alles schaffen werde und möchte verzweifeln ob der großen Aufgabe, die da vor mir liegt. Vielleicht kennen Sie das. Doch dann denke ich an Beppo, den Straßenkehrer bei Michael Ende. Wissen Sie, bei ihm, dem Straßenkehrer, ist es so:

[Erzählung] Beppo, der Straßenkehrer bekommt am Morgen eine Strasse zugewiesen, die er wischen soll. Er erzählt Momo, wie man morgens die ganze lange Strasse sieht und denkt: Das schaffe ich niemals. Die bringe ich niemals sauber.

Man läuft Gefahr, sich zu beeilen, hektisch zu werden. Und man schaut zurück und man ist noch gar nicht weiter. Und die ganze liebe lange Strasse liegt noch immer schmutzig vor einem.

Weil eben Momo mit ihrer eigenen Art zuhören kann und die Herzen öffnet, erzählt ihr Beppo, wie es anders sein soll.

Beppo erzählt ihr, man dürfe nie die ganze Strasse auf einmal anschauen, sondern immer nur den nächsten Schritt und den nächsten Besenstrich.

Bei Momo heißt es da: Schritt – Atemzug – Besenstrich. Schritt – Atemzug – Besenstrich.

Und auf einmal hat man die ganze Strasse gewischt, man hat gar nicht gemerkt wie. Man schaut zurück und ist auch gar nicht müde.

Beppo sagt: Dann macht es Freude. Und das ist wichtig.

[Ableitungsangebot an Klient/in] Genau so wie Beppo, denke ich, gehen wir auch unser Projekt an: Atemzug um Atemzug, Besenstrich um Besenstrich. Natürlich haben wir die lange Strasse vor uns, wir gehen in die richtige Richtung, verlassen Sie sich drauf. Aber wir lassen uns vom Anblick der langen Strassen nicht überfordern und einschüchtern. Wir gehen Schritt um Schritt. Und schon bald werden wir zurückblicken, auf unsere Strasse, und werden unsere Arbeit mit Freude gemacht haben. Das ist wichtig.

Wenn Sie also heute in zwei Stunden aus dieser ersten Sitzung gehen, dann werden wir noch nicht Klarheit über das ganze Projekt haben. Aber Sie werden die ersten Schritte machen können, sicheren Schrittes, und wir werden zusammen in die richtige Richtung gehen: Schritt – Atemzug – Besenstrich. Schritt – Atemzug – Besenstrich.

Ziele der Intervention

Klienten/Klientinnen oder Projektmitarbeitende sind sich bewusst, dass jede noch so große Aufgabe mit einem ersten Schritt beginnt – und ein zweiter und dritter darauf folgt. Dass nicht die ganze Aufgabe auf einmal ins Auge gefasst werden darf, sondern die Aufgabe Schritt für Schritt angegangen werden soll. Sie haben Sicherheit gewonnen.

Mögliche Wirkungsweisen der Intervention

- *Steigerung der Selbstwirksamkeitserwartung*
- *Anker*
- *Indirekte Mitteilung*
- *Beziehungsaufbau*

Weitere Bemerkungen
Die Geschichte eignet sich insbesondere für Kick Off Veranstaltungen. Zu Beginn erzählt kann am Ende nochmals darauf Bezug genommen werden: Welches sind nun die ersten Schritte und Besenstriche, die die Teilnehmenden zu tun haben?

8.10   Die fünf Affen

Eine Geschichte darüber, dass man übernommene Normen überdenken sollte. nacherzählt aus: Hamel, G (1995) Wettlauf um die Zukunft. Wie Sie mit bahnbrechenden Strategien die Kontrolle über Ihre Branche gewinnen und die Märkte von morgen schaffen. Ueberreuter, Wien

Kontext
Teams wollen ihre Arbeitsweise und ihre Grundsätze überdenken. Vielleicht soll daraus ein Leitbild entstehen. Dafür will das Team möglichst unvoreingenommen die eigene Arbeit reflektieren. Auch gewachsene Strukturen und Gewohnheiten sollen in Frage gestellt werden dürfen.

Die Geschichte

[Erzählankündigung] Ja, manchmal tut man Dinge, weil man sie halt immer so gemacht hat – obwohl sie heute nicht mehr zweckmäßig sind.Genau wie die fünf Affen mit den Bananen. Kennen Sie die Geschichte? Mögen Sie die Geschichte hören? - Die geht so:

[Erzählung] In einem Käfig sind fünf Affen. Ich weiß nicht, ob der Versuch wirklich je so gemacht wurde oder nicht, aber ist ja auch egal. Also: Da sind fünf Affen in einem Käfig. Und in der Mitte des Käfigs hat es eine lange Stange, vom Boden bis zur Decke. Ich glaub, sie war sogar golden, die Stange. Und ganz oben, da hängen wunderschöne, goldene Bananen.

Natürlich klettert schon bald ein Affe hoch und will die Bananen nehmen. Aber kurz vor seinem Ziel wird er mit einem Wasserstrahl abgespritzt. Oder er kriegt einen kleinen Stromstoss, so genau weiß ich es nicht mehr.

Jedenfalls lernt der Affe nach dem zweiten oder dritten Versuch zuverlässig, dass er besser die Hände von den Bananen lässt. Und als einer seiner Kollegen ebenfalls hochklettern will, da reißt er ihn selbstverständlich von der Stange, damit dieser den Schreck nicht ertragen muss. Und so lernen die vier anderen Affen von ihrem Kollegen, die Bananen nicht zu berühren.

Nach einer Weile wechselt man einen Affen aus. Der naive Neuzugang will natürlich schon bald die Stange hochklettern. Doch die Kollegen warnen ihn und reißen ihn herunter. Er lernt schnell: Hände weg von den Bananen!Und so geht das weiter, ein Affe nach dem andern wird ausgewechselt.

Und ja, am Ende sind fünf neue Affen im Käfig. Keiner der fünf hat je erfahren, warum man nicht die Stange hochklettern darf. Und doch weiß jeder, dass man es nicht tut. Dass unterdessen längst Strom oder Wasserstrahl abgestellt sind, ändert daran nichts.

[Ableitungsangebot an Klient/in] Sehen Sie: Es war sehr vernünftig, dass die Affen sich zu Beginn verboten haben, an die Bananen zu gehen. Eine sehr sinnvolle Regel, und auch ganz fair, dass sie die Kollegen warnten, finde ich...

Aber wenn sich das Umfeld ändert, dann soll man auch die bewährten Regeln überdenken. Genau wie Sie das tun werden.

Ziele der Intervention

Die Klientinnen und Klienten haben verinnerlicht, dass alle noch so selbstverständlichen Punkte der eigenen Arbeit überdacht werden dürfen. Zudem soll auch deutlich sein, dass heute unsinnige Regeln nicht a priori „schlecht" sind. Sie hatten zu Beginn möglicherweise ihre Berechtigung und waren sinnvoll, unterdessen mag sich aber das Umfeld verändert haben.

Damit soll die Intervention auch Widerstand schmelzen, den dienstältere Teammitglieder gegenüber den Neuerungen haben könnten.

Mögliche Wirkungsweisen der Intervention

- *Veränderte Konnotation der Wirklichkeit*
- *indirekte Mitteilung*
- *Anker*

Weitere Bemerkungen

Zwar unterhält die Geschichte meist sehr gut und Klienten/Klientinnen erkennen die Moral davon ganz zweifelsfrei. Ungünstig scheint mir, dass hier „Affen" am Werk sind. Die Mehrheit der Klientinnen und Klienten mag sich nicht gerne mit Affen verglichen haben. Und darunter leidet die Transferkraft dieser Metapher.

Es wäre wohl ein Leichtes, die Geschichte anzupassen und eine beliebtere Tierart zu wählen. Hasen etwa, die eine Karotte aus einem goldenen Gebüsch zerren wollen. Ich vermute, damit würde die Metaphorik an anderer Stelle schwächer. Und, so meine ich, Klientinnen und Klienten würden intuitiv spüren, dass hier mal eine gute Geschichte war, die nun ein didaktisch durchgestyltes Instrument ist – aber keine Geschichte mehr.

Dann doch lieber die Affen.

8.11   Glück oder Unglück? (Parabel aus China)

Eine Geschichte darüber, dass man nicht wissen kann, was „richtig" ist für das eigene Leben.
nacherzählt aus: Hoffsümmer, W (Hrsg.) (1987) Kurzgeschichten 3. 244 Kurzgeschichten für Gottesdienst, Schule und Gruppe. Matthias-Grünewald-Verlag, Mainz. Seite 118

Kontext
Klienten/Klientinnen suchen nach richtigen Lösungen für ihr berufliches Leben – vielleicht fragen sie sich, ob sie eine neue Arbeitsstelle annehmen sollen.
Bisweilen scheint es, das gesamte Lebensglück hänge ab von diesen Entscheiden. Und es gebe einen richtigen und einen falschen Weg. Einen der ins Glück und einen der ins Unglück führe. Und nun gelte es, sorgfältig herauszufinden, welcher Weg wohin führe. Entsprechend hoch ist der Druck, nun richtig zu entscheiden. Was das Entscheiden fast unmöglich macht.

Die Geschichte
[Erzählankündigung] Sehen Sie, Sie haben heute viele Argumente für Ihre Entscheidung gefunden. Und Sie sagen, Sie sind Ihrem Entscheid näher gekommen. Das ist gut. Und ehrlich gesagt wissen wir beide nicht, welche Entscheide wohin führen, wir werden es nie wissen. Trotzdem fragen wir uns: Welche Wege führen zum Glück? Wissen Sie, ich weiß gar nicht so genau was das ist: „Glück". Woher sollen wir wissen, was für uns Glück ist? Ich erzähle Ihnen zum Abschluss eine Geschichte aus China, die handelt genau davon.

[Erzählung] In China erzählt man sich eine Geschichte von einem Bauern, der hatte einen Sohn. Sie lebten auf einem Pferdehof und der Sohn ritt die Pferde, er zähmte sie.

Eines Tages haute das beste Pferd des Bauern ab. Die Nachbarn kamen herbeigerannt und sagten: Oh nein, dieses Unglück. Wie sehr bedauern wir es und leiden mit euch.

Der Bauer aber sagte nur: Woher wisst ihr, dass das ein Unglück war?

Einige Tage kam das entlaufene Pferd aus dem Wald zurück und es folgten ihm ganz viele Wildpferde, die der Sohn einfangen und zähmen konnte.

Die Nachbarn kamen und sagten zum Bauern: Oh dieses Glück, wir freuen uns mit dir.

Der Bauer aber sagte nur: Woher wisst ihr, dass das Glück ist?

Tatsächlich stürzte der Sohn kurz darauf beim Reiten der wilden Pferde schlimm und brach sich alle Beine und Arme. – Oder sagen wir mal einen Arm und ein Bein.

Die Nachbarn jedenfalls kamen wieder herbeigerannt und sagten: Oh dieses Unglück, wir bedauern es so sehr für dich.

Und der Bauer sagte nur: Woher wisst ihr, dass das Unglück ist?

Und ja, einige Wochen später brach ein Krieg aus und alle jungen Männer des Landes wurden an die Front beordert. Nicht so der Sohn des Bauern, er war zu sehr verletzt vom Sturz.

Und da kamen die Nachbarn: Oh dieses Glück....

Und der Bauer sagte nur: Woher wisst ihr, dass das Glück ist?

[Ableitungsangebot an Klient/in] Großartige Geschichte, oder? Mich entlastet das. Woher soll ich wissen, was Glück ist. In diesem Sinn: Sie entscheiden sicher richtig.

Ziele der Intervention

Die Klienten/Klientinnen haben an Sicherheit gewonnen, dass ihr Entscheid zwar wichtig sein mag, dass er aber nicht über Glück und Unglück entscheidet. Und dass man, egal wie lange man überlegt und abwägt, niemals wissen kann, wohin der Weg führt.

Die Geschichte mag insofern auch Trost spenden und in Entscheidungssituationen entlasten.

Mögliche Wirkungsweisen der Intervention

- *Veränderte Konnotation der Wirklichkeit*
- *Anker*
- *Beziehungsaufbau*

Weitere Bemerkungen

In meiner Erfahrung eignet sich die Geschichte zum Abschluss einer entsprechenden Beratungssequenz. Sie relativiert damit auch das Ergebnis der vorangehenden Diskussionen und lässt den Entscheid mit einer gewissen Leichtigkeit umsetzen.

8.12 Drachen gibt's doch gar nicht

Eine Geschichte darüber, dass Probleme nur angegangen werden können, wenn sie nicht geleugnet werden

nacherzählt aus dem Bilderbuch: Kent, J (1985) Drachen gibt's doch gar nicht. In:
Andresen, U (Hrsg.) Das große L. Erste Leseabenteuer. Otto Maier Verlag, Ravens-
burg. Seite 37 ff.

Kontext

Auch Führungskräfte können dazu neigen, Probleme, die es aus ihrer Sicht gar
nicht geben kann oder darf, zu verleugnen.

Doch für die erfolgreiche Führungsarbeit, etwa in Projekten, ist es wesentlich,
Probleme und Widerstände wahr zu nehmen und ihr Vorhandensein zu akzeptieren
– auch wenn man es selber nicht verstehen kann.

Wenn dies geschieht, können Probleme auf eine erträgliche Größe schrumpfen
und bearbeitet werden.

Die Geschichte

[Erzählankündigung] Ich erzähle Ihnen zum Abschluss des Tages eine
Gute-Nacht-Geschichte. Eine Kindergeschichte auf den Heimweg.

Es geht darin auch um das heutige Thema: Dass wir Schwierigkeiten und
Widerstände in der Führung als wahr annehmen müssen, wahrnehmen müssen, sie in ihrer Funktion für unsere Arbeit „lieben" sollen. Nur so können
wir sie effektiv bearbeiten. Vielleicht nicht beseitigen, aber doch mit ihnen
leben.

Die Geschichte ist von einem amerikanischen Autor und sie heißt: „Drachen gibt's doch gar nicht".

[Erzählung] Ein Junge, Felix heißt er, erwacht eines Morgens und was
sieht er neben seinem Bett? Einen kleinen Drachen, nicht größer als die
Nachttischlampe. Er reibt sich die Augen, kneift sich. Doch Felix täuscht
sich nicht: Da steht ein kleiner Drache.

Felix mag den Drachen sofort und sie gehen zum Morgenessen. Mutter
steht in der Küche und Felix ruft ihr zu: Ein Drache! Schau nur her!

Die Mutter sagt nur: Drachen gibt's doch gar nicht.

Ich bin mir nicht sicher, ob die Mutter den Drachen wirklich nicht sieht
oder ob sie einfach ihren Augen nicht glaubt. Jedenfalls verhält sie sich, als
wäre gar nichts und geht weiter ihren Haushaltsarbeiten nach. Sie staubt ab,
putzt die Fenster. Und neben ihr immer Felix, der den Drachen zeigen will.
Der Drache stellt sich der Mutter in den Weg und sie muss um ihn herum
sauber machen. Aber es ändert sich nicht: Die Mutter ist überzeugt, dass es
diesen und Drachen überhaupt nicht gibt.

Doch dann beginnt was eigenartiges: Der Drache beginnt zu wachsen. Und zwar sehr schnell. Schon bald füllt er das ganze Zimmer aus. Die Mutter drängt sich an ihm vorbei zur Türe und behauptet noch immer, es gebe den Drachen nicht.

So geht das weiter, bis am Ende der Drache das ganze Haus füllt, die Füße unten herausbrechen und der Drache mit dem ganzen Haus auf dem Rücken davon läuft.

In diesem Moment kommt Vater heim und eilt dem davonlaufenden Haus hinterher.

Was ist denn hier los?, fragt der Vater.

Felix erzählt von seinem Drachen. Und wie er gewachsen ist. Unübersehbar.

Der Vater schaut den Drachen an und sagt: Tatsächlich, ein Drache!

In diesem Moment beginnt der Drache wieder zu schrumpfen, immer schneller, bis er wieder die Größe eines Plüschtieres erreicht hat. Er verschwindet zwar nicht ganz, aber er hat eine Größe, mit der ihn die Familie gut als Haustier halten kann.

Als sich die Mutter am Ende der Geschichte fragt, warum der Drache nur so gewachsen sei, sagt Felix: Ich glaube, er wollte einfach, dass wir ihn wahrnehmen und lieb haben.

[Ableitungsangebot an Klient/in] In diesem Sinn: Kommen Sie gut nach Hause. Vorsicht, wenn Sie einem Drachen begegnen.

Ziele der Intervention
Klienten/Klientinnen sind darin bestärkt, Probleme wahr zu nehmen und ihr Vorhandensein zu akzeptieren und in gewissem Sinn wertzuschätzen.

Mögliche Wirkungsweisen der Intervention

* *Anker*
* *indirekte Mitteilung*
* *Selbstdarstellung des Klientensystems*

Weitere Bemerkungen
Im beschrieben Kontext erzählt, lohnt sich durchaus der Griff zum Bilderbuch. Die Bilder bringen auch Erwachsene zum Schmunzeln und unterstützen die Geschichte ganz ausgezeichnet.

8.13   Ein schielendes Huhn

Eine Geschichte darüber, dass Wahrnehmung subjektiv ist
nacherzählt aus: Malerba, L (2001) Die nachdenklichen Hühner. Wagenbach, Berlin.
Seite 14.

Kontext
Klienten/Klientinnen sind irritiert von abweichenden Wahrnehmungen. Beispiels-
weise nehmen ihre Vorgesetzten Situationen offenbar ganz anders wahr.

Die Geschichte
[Erzählankündigung] Ja, das finden Sie eine schräge Wahrnehmung ihrer
Chefin.

Manchmal sind Wahrnehmungen schräg, wissen Sie. Und manchmal ist
es auch die Welt. Fragt sich nur, was von beidem schräg ist. Da fallen mir
Malberas Hühner ein. Entschuldigen Sie die passen ja jetzt nicht perfekt hier
hin. Aber da gibt es eine Geschichte, wo ein Huhn auch eine schräge Wahrnehmung hat. Darf ich die schnell erzählen? Sonst fällt sie mir dauernd ein.
Also gut, bei Malbera, da gibt's ein schielendes Huhn...

[Erzählung] Ein schielendes Huhn sieht die ganze Welt schräg. Und als es
mal mit den anderen Hühnern an einem windigen Tag in Pisa ist, sagen die
anderen Hühner: Schaut nur, der Wind bläst den Turm schief.

Unser schielendes Huhn findet den Turm völlig normal. Es sagt aber
nichts und denkt nur für sich: Vermutlich schielen die anderen Hühner....

[Ableitungsangebot an Klient/in] Schräg die Geschichte oder. Ich will
damit nichts bestimmtes sagen, sie ist mir nur eben eingefallen. Aber ja:
Vielleicht schielt ihre Chefin? Oder es windet grad sehr? Oder ist der Turm
schief? Oder schielen alle andern? Oder...

Ziele der Intervention
Ohne die Frage nach Richtigkeit zu stellen, soll deutlich sein, dass Wahrnehmun-
gen je nach persönlicher Situation ganz unterschiedlich sein können.

Mögliche Wirkungsweisen der Intervention

• *Anker*
• *Indirekte Mitteilung*

Weitere Bemerkungen

Das vorgeschlagene Ableitungsangebot an die Klienten/Klientinnen ist sehr offen gehalten. Die Geschichte hat keine klare Moral, sie wirkt eher verwirrend.

In dieser Offenheit gehalten, können Klienten/Klientinnen die Geschichte möglicherweise kreativ erweitern oder ganz ungeahnte Ableitungen finden. Oder aber auch nicht. Und die Geschichte bleibt ein verwirrendes Intermezzo, das zumindest gut unterhalten hat.

8.14   Wenn die Ziege schwimmen lernt

Eine Geschichte darüber, dass Beurteilungen manchmal wenig förderorientiert sind und unsere Schule die Kinder mittelmässig macht
nacherzählt aus dem Bilderbuch: Moost N (1998) Wenn die Ziege schwimmen lernt.
Wolfgang Mann Verlag, Berlin

Kontext

Klienten/Klientinnen fassen eine negative Beurteilung durch Dritte allzu selbstkritisch auf, zweifeln an sich als Persönlichkeit und sehen nicht mehr, dass die Beurteilung auf ein definiertes Kriterium zielt, welches ebenfalls hinterfragt werden kann.

Die Geschichte

[Erzählankündigung] Es kommt halt auch darauf an, was beurteilt wird. Geht es darum, jede Schwäche aufzudecken und einigermaßen auszugleichen oder geht es darum, die eigenen Stärken zur Exzellenz weiter zu entwickeln? Das ist wie bei der Tierschule. Die Geschichte gefällt mir. Passt wohl hier nicht wirklich, mögen Sie die Geschichte trotzdem hören? Ja? Gut:

[Erzählung] In der Tierschule treffen sich alle Tiere des Waldes zum Unterricht.

Die Lehrer sind natürlich die Affen…

Die Tiere freuen sich auf die verschiedenen Schulfächer ganz unterschiedlich. Der Esel etwa ist im Schulfach „Klettern" sehr schwach. Die Lehrer können es kaum glauben, wie kompliziert er sich anstellt. Die Eichhörnchen lassen sich da deutlich mehr beibringen und machen Freude.

Im „Schwimmen" ist der Hund mittelmäßig, der Fisch ganz große Klasse. Das Eichhörnchen hingegen macht hier nur Schwierigkeiten.

Sie können es sich denken: Die Lehrer haben alle Hände voll zu tun. Das Eichhörnchen muss nach dem Unterricht in einen Wassergewöhnungskurs.

Der Esel entwickelt eine Technik, sich mit den Zähnen am Baumstamm fest-zubeißen. Richtig gut wird er nie.

Auch der Frosch kann kaum mehr hüpfen, so schmerzen ihn seine Füße vom Klettern.

Und so kommt, was kommen muss: Nach kurzer Zeit haben die Tiere all ihre Freude verloren, schlagen sich mit ihren Schwächen herum und sind am Ende überall bestenfalls mittelmäßig. Ja selbst der Frosch hat am Ende im Schwimmen nur noch knapp genügende Noten.

Die Affen können kaum glauben, wie unfähige Schülerinnen und Schüler sie doch unterrichten müssen und laufen davon.

Da wissen die Tiere zuerst gar nicht mehr recht was sie tun könnten, so ganz ohne Lehrer. Doch dann beginnen sie wieder zu tun, was sie mal richtig gut konnten: Esel und Pferd rennen um die Wette, Frosch und Fisch schwim-men hin und her... Alle tun, was ihre Stärke ist. Und sie tun es richtig gut.

[Ableitungsangebot an Klient/in] Was wurde denn bei Ihnen beurteilt? Fühlten Sie sich in Ihrer Situation auch wie der Frosch beim Klettern?

Oder: Was wäre denn ihr Element, wo sie richtig gut sind – ihr Lieblings-fach? Wo hätte man sie beurteilen sollen?

Ziele der Intervention

Klienten/Klientinnen haben erkannt, dass Beurteilungen immer ein bestimmtes Kriterium betreffen und dass sie möglicherweise ihre Energie lieber darauf ver-wenden sollten, ihre Stärken auszuspielen statt sich an ihren Schwächen zu zer-mürben.

Mögliche Wirkungsweisen der Intervention

- *Verstärkte Selbstwirksamkeitserwartung*
- *Veränderte Konnotation der Wirklichkeit*

Weitere Bemerkungen

Die Geschichte könnte mit Lehrpersonen auch als Einstieg in Grundsatzdiskus-sionen zum Thema Beurteilung verwendet werden. Die ausgesprochene Nähe zu Schulfächern birgt jedoch die Gefahr, dass die Metapher zu nahe an der Wirklich-keit ist. Die eigene Wirklichkeit würde so nicht bereichert sondern lediglich in Fra-ge gestellt. Das heißt: Wenn mich die Geschichte bestärkt, dass unser Schulsystem nicht auf die besonderen Begabungen der Schüler/innen Rücksicht nimmt und ich danach in gewohnter Manier benoten muss, schwächt das allenfalls sogar meine Selbstwirksamkeitserwartung.

Insofern eignet sich die Geschichte meines Erachtens besser in schulfremden Arbeitsgebieten.
Wird die Geschichte vorbereitet erzählt, lohnt sich der Griff zum Bilderbuch.
Die Bilder illustrieren die Geschichte sehr anschaulich und mit viel Humor.

8.15 Das Betreten der Beete ist unter Androhung von Strafe verboten

Eine Geschichte darüber, dass es immer mehr als zwei Entscheidungsmöglichkeiten gibt.
nacherzählt aus: Watzlawick, P (2007) Vom Schlechten des Guten. oder Hekates Lösungen. Piper, München. S. 43 ff.

Kontext
Klienten/Klientinnen stehen vor einer Situation, in denen es scheint, sie könnten nur zwischen zwei für sie unannehmbaren Möglichkeiten entscheiden.

Die Geschichte
[Erzählankündigung] Sie müssen zwischen A und B entscheiden, aber sie wollen keines von beidem… In solchen Momenten bekomme ich fast einen Knopf ins Hirn. Und dann denke ich manchmal, wenn ich in so einer Entscheidung stecke, an den jungen Franzl bei Paul Watzlawick. Watzlawick ist der, der sagt, man könne nicht nicht kommunizieren, kennen Sie den… Und bei ihm gibt es auch eine Geschichte von Franzl, einem dreizehnjährigen Jungen…

[Erzählung] Franzl ging in den Stadtpark und sah dort ein großes Blumenbeet. Davor stand eine Tafel mit der Aufschrift „Das Betreten der Beete ist unter Androhung von Strafe verboten."

Franzl sah sich in einer ausweglosen Situation. Was sollte er tun? Es schien ihm, er habe nur zwei Möglichkeiten: Das Blumenbeet betreten – oder nicht.

Entweder würde er sich von einem einfachen Schild der Obrigkeit vorschreiben lassen, hier nicht hinzutreten. Das war dem Franzl unvorstellbar, er war nämlich ein ziemlicher Rebell müssen Sie wissen.

Oder aber er trampelte in dem Beet herum. Da lief er hingegen Gefahr, erwischt und gebüßt zu werden. Das war auch keine erfreuliche Vorstellung.

Doch was sollte er tun? Es gab ja nur diese beiden Möglichkeiten. Gehorchen oder nicht. Reintreten oder nicht.

Als er ratlos dastand, fiel ihm etwas ganz anderes ein. Er sah, dass die Blumen wunderschön sind.

Da wurde ihm klar: Er selber war das Gesetz, war seine eigene Autorität. Er selber wollte nicht in das Beet stehen. Er selber wollte diese Schönheit.

Und plötzlich hatte das Verbotsschild für ihn keine Bedeutung mehr. Das Dilemma hatte sich aufgelöst. Er hatte, wie es Watzlawick nennt, einen *dritten Weg* gefunden.

[Ableitungsangebot an Klient/in] Das gefällt mir, *ein dritter Weg*. Wenn ich nur dieses oder jenes wählen kann und beides geht für mich irgendwie nicht, dann denke ich manchmal an den dritten Weg und versuche ganz wo anders zu suchen. Ich überlege mir, ob es so etwas auch bei Ihrer Geschichte gibt.... Was Sie eigentlich wollen.... Helfen Sie mir.

Ziele der Intervention

Die Klienten/Klientinnen haben erkannt, dass es in solchen Situationen oftmals eine dritte Möglichkeit gibt. Sie erfahren die Logik ja oder nein, 0 oder 1, nicht immer als zwingend.

Sie suchen in ihrer persönlichen Dilemmasituation nach einem dritten, annehmbaren Weg.

Mögliche Wirkungsweisen der Intervention

- *Anker*
- *indirekte Mitteilung*

Weitere Bemerkungen

Watzlawick nennt weitere Beispiele dieser dritten Möglichkeit.

Etwa, als 1334 der Burgherr von Hochosterwitz belagert wurde. In seiner Burg waren ihm nach langer Belagerungszeit lediglich ein Sack Gerste und ein Ochse geblieben. Es schien, er könne nur noch zwischen Kapitulation und Hungertod wählen. Doch der Burgherr von Hochosterwitz akzeptierte diese scheinbare Auswahl nicht und fand den dritten Weg: Er ließ den Ochsen schlachten und mit Gerste gefüllt den Felsen hinunter, direkt vor die Belagerer, werfen. Und die sahen keinen Sinn mehr in einer noch längeren Belagerung, wenn der Burgherr von Hochosterwitz noch so viele Vorräte zu haben schien, dass er sie vor die Burg werfen konnte. Und so zogen sie ab. (vgl. Watzlawick 2007, S. 49)

Doch das ist eine andere Geschichte …
Und möglicherweise ist der dritte Weg in solchen Situationen nicht die Suche
nach einer besonders kreativen Idee, die man auch nie findet. Sondern einfach die
Antwort auf die Frage: Was will ich?

8.16 Sieben blinde Mäuse

Eine Geschichte darüber, dass nur erkennt, wer die Sache von allen Seiten anschaut.
nacherzählt aus dem Bilderbuch: Young, E (2007) 7 blinde Mäuse. Beltz & Gelberg,
Weinheim

Kontext
Klienten/Klientinnen sollen überzeugt sein, dass es sich lohnt, eine Sache von jeder
Seite her anzuschauen. Beispielsweise soll diese Überzeugung zu Beginn von Pro-
jekten, als Einstieg in eine Situationsanalyse, vermittelt werden.

Die Geschichte
[Erzählankündigung] Es ist mir ein Anliegen, dass wir das Thema von allen
Seiten betrachten. Nur so können wir die Wirklichkeit wirklich sehen. Alle
unsere Perspektiven sind richtig. Aber nur zusammen sind sie wahr.
    Ich möchte Ihnen gerne eine Geschichte dazu erzählen. Es ist die
Geschichte der 7 blinden Mäuse von Ed Young. Ok?
    [Erzählung] Sieben blinde Mäuse entdecken in ihrer Nähe etwas Selt-
sames.
    Die erste Maus, sagen wir die gelbe, läuft am ersten Tag los und kommt
zurück. Sie sagt: Es ist eine Säule, ganz klar.
    Am nächsten Tag schaut die grüne Maus nach dem Ding. Sie kommt
zurück und ist überzeugt, es sei ein Seil. Was das mit der Säule sollte, könne
sie gar nicht verstehen.
    Die dritte Maus am nächsten Tag kommt zurück und weiß ganz sicher,
es ist ein Fächer.
    Die vierte, rote Maus, sie kommt zurück und sagt: Ein großer Hügel!
Ich verstehe nicht wie ihr das als Fächer oder Seil oder Säule wahrnehmen
könnt.
    Die fünfte Maus denkt an einen Speer, die sechste an eine Schlange.
Eigenartig.

Als am siebenten Tag die weiße Maus zurückkommt, warten alle ganz gespannt auf ihren Bericht.

Sie sagt: Ich verstehe euch. Ich habe alles auch gefühlt, was ihr berichtet habt. Das unbekannte Ding ist groß wie ein Hügel, vorne geschmeidig und lang wie eine Schlange, spitzig wie ein Speer, hinten fasrig wie ein Seil, auf der Seite vorne flach wie ein Fächer, unten stämmig wie eine Säule. Aber alles in allem: Es ist ein Elefant.

[Ableitungsangebot an Klient/in] Bei Young heißt es am Ende: „Wissen in Teilen macht eine schöne Geschichte, aber Weisheit entsteht, wenn wir das Ganze sehen." (ebd)

Lassen Sie uns wie die weiße Maus an das Projekt herangehen. Von allen Seiten.

Ziele der Intervention
Die Klienten/Klientinnen erinnern sich während eines Projektes immer wieder daran, dass es sich lohnt, die Sache von allen Seiten zu betrachten.

Mögliche Wirkungsweisen der Intervention

- *Anker*
- *Externalisierung*
- *Indirekte Mitteilung*

Weitere Bemerkungen
Das Original-Bilderbuch illustriert die Geschichte mit geschmackvollen, modernen Bildern, die auch Erwachsene sehr ansprechen.

8.17   Die ungleichen Angestellten

Eine Geschichte darüber, wann Leistung gut und wann sie exzellent ist
   Autor unbekannt

Kontext
Führungskräfte stehen vor der Frage, wie sie Mitarbeitenden erklären können, dass eine gute Leistung noch nicht die bestmögliche Beurteilung bedeutet.

Die Geschichte

[Erzählankündigung] Sie fragen sich, warum sie trotz Leistung ohne Fehl und Tadel nicht die bestmögliche Beurteilung erhalten haben.

Sehen Sie, ich habe mal eine Geschichte über zwei Freunden gelesen.

[Erzählung] Sie waren etwa gleich alt und nahmen zur gleichen Zeit bei einem Geschäftsmann eine ähnliche Stelle an.

So verdienten die beiden auch gleich viel.

Doch das war nicht lange so. Schon bald stieg der eine, Arnold, auf und verdiente deutlich mehr als der andere, Bruno.

Damit war Bruno unzufrieden und er beklagte sich beim Geschäftsmann. Dieser hörte ihm geduldig zu und sagte, er werde Bruno den Unterschied erklären. Er bat Bruno, auf den Markt zu gehen und zu berichten, was heute angeliefert worden sei.

Bruno tat wie ihm befohlen und er war schon bald zurück mit der Nachricht, es sei erst ein Fuhrmann mit einem Sack Roggen auf dem Markt. Der Geschäftsmann fragte nach der Menge und Bruno kam bald wieder vom Markt zurück. Zehn Säcke seien es. Was sie denn kosten würden, fragte der Geschäftsmann und Bruno ging ein drittes Mal auf den Markt und brachte die gewünschte Information zurück.

Du hast deine Aufgabe gut erfüllt, sagte der Geschäftsmann zu Bruno und bat ihn, sich zu setzen. Er rief Arnold herbei und bat diesen, auf den Markt zu gehen und zu berichten, was heute angeliefert worden sei.

Arnold lief los und kam schon bald zurück. Er berichtete, es seien drei Fuhrmänner da mit insgesamt 7 Säcken Roggen und 2 Säcken Weizen. Der Roggen sei von guter Qualität und der Preis liege auf vergleichbarem Niveau wie die letzte Woche. Allerdings sei zu erwarten, dass der Preis bald steigen werde, da das Wetter keine große Ernte mehr zulassen würde. Wenn Interesse an mehr als drei Säcken bestehen würde, könnte zudem ein tieferer Preis verhandelt werden, wie er im Gespräch erfahren habe. Der Weizen sei von minderer Qualität. Er habe von beidem eine Probe mitgebracht.

Da fragte der Geschäftsmann Bruno, ob er nun verstehe, warum Arnold aufgestiegen sei.

[Ableitungsangebot an Klient/in] Wissen Sie, Bruno ist ein richtig guter Mitarbeiter. Er tut seine Arbeit richtig und zuverlässig. Der Geschäftsmann kann glücklich sein, einen solch tüchtigen Mitarbeiter zu haben, auf den Verlass ist. Er hat sich eine richtig gute Beurteilung verdient.

Dass Arnold für seine Arbeit eine noch bessere Beurteilung erhält, das verstehen wir aber auch.

Ziele der Intervention

Mitarbeitende erkennen, dass ihre Leistung zwar gut, aber eben nicht ausgezeichnet ist. Und dies, obwohl sie genau das tun, was erwartet wird.

Mögliche Wirkungsweisen der Intervention

- *Externalisierung*
- *Indirekte Mitteilung*
- *Schmelzen von Widerstand*

Weitere Bemerkungen

Die Geschichte eignet sich in der Reflexion über erhaltene Beurteilungen.

Nicht geeignet scheint mir die Geschichte in der Regel, im Moment, in dem Vorgesetzte eine Beurteilung kommunizieren wollen. Mitarbeitende erwarten kriteriengestützte, klare Beurteilungen, die mit Beobachtungen dokumentiert sind – und nicht eine schöne Geschichte. Dies würde die Akzeptanz der Beurteilung wohl eher noch verringern.

Wenn später die Beurteilung wiederholt zum Diskussionsthema wird, kann die Geschichte durchaus als Intervention dienen. Dann kann sie helfen, Widerstand zu schmelzen.

8.18   Eine eigene Lieblingsgeschichte

Was haben Sie zu erzählen?

„Und wenn sie nicht gestorben sind, so leben sie noch heute."

Geschichten enden mit der Auflösung ihres Themas. Oder sie enden unvermittelt und lassen Fragen zurück.

Geschichten können, was wir uns wünschen: Eine Sache beschließen, ob gelöst oder auch nicht. Einen Punkt machen und zuversichtlich auf die Zukunft weisen.

Literatur

Austin, J. (1998). *Zur Theorie der Sprechakte*. Ditzingen: Reclam.

Bichsel, P. (1997). *Zur Stadt Paris*. Frankfurt a. M.: Suhrkamp.

Brecht, B. (1971). *Geschichten vom Herrn Keuner*. Frankfurt a. M.: Suhrkamp.

Broschart, J. (2007). Was ist eigentlich Sprache? *Geo Wissen, 40*(2007), 32–33.

Bruner, J. (1997). *Sinn, Kultur und Ich-Identität. Zur Kulturpsychologie des Sinns*. Heidelberg: Carl-Auer-Systeme.

Bürgi, A. (2004). Beratung geschieht in der Begegnung. In A. Bürgi & H. Eberhart (Hrsg.), *Beratung als strukturierter und kreativer Prozess. Ein Lehrbuch für die ressourcenorientierte Praxis* (S. 55–75). Göttingen: Vandenhoeck & Ruprecht.

Debatin, B. (1995). *Die Rationalität der Metapher. Eine sprachphilosophische und kommunikationstheoretische Untersuchung*. Berlin: de Gruyter.

Dehn, C. (2008). Erst sprechen, dann handeln? Wie narrativ-behaviorales Neuro-coaching die individuelle Handlungsfähigkeit erhöhen kann. *Organisationsberatung Supervision Coaching (OSC), 15*(2), 169–182.

Domasio, A. (1994). *Ich fühle, also bin ich. Die Entschlüsselung des Bewusstseins*. München: List.

Dörner, K. (1994). *Lohhausen. Vom Umgang mit Unbestimmtheit und Kompexität*. Bern: Huber.

Dorst, B. (2007). *Therapeutisches Arbeiten mit Symbolen. Wege in die innere Bilderwelt*. Stuttgart: Kohlhammer.

Duss, D. (1998). Wir meinen nichts. Das Wittgensteinsche Paradox. Unveröffentlichte Diplomarbeit am Lehrerinnen- und Lehrerseminar Luzern.

Duss, D. (2008). Geschichten erzählen als Beratungsintervention. Klärung und Diskussion eigener Beratungspraxis. Unveröffentlichte MAS-Arbeit an der PH St. Gallen und der AEB Schweiz.

Duss, D. (2010). Geschichten erzählen als Beratungsintervention. Grundlagen einer wenig diskutierten Interventionsform. *Organisationsberatung Supervision Coaching (OSC), 17*(2), 233–243.

Eisenmann, B. (1995). *Erzählen in der Therapie. eine handlungstheoretisch und psychoanalytisch orientierte Studie*. Opladen: Westdeutscher Verlag.

Etzold, V., & Ramge, Th. (2014). *Equity Storytelling. Think – Tell – Sell: Mit der richtigen Story den Unternehmenswert erhöhen*. Berlin: Springer Gabler.

© Springer Fachmedien Wiesbaden 2016   119
D. Duss, *Storytelling in Beratung und Führung*,
DOI 10.1007/978-3-531-19783-8

Franzke, E. (1991). *Märchen und Märchenspiel in der Psychotherapie. der kreative Umgang mit alten und neuen Geschichten. 2., korrigierte und ergänzte Auflage.* Bern: Huber

Geisslinger, H., & Raab, St. (2007). *Strategische Inszenierung. Story-Dealing für Marketing und Management.* Heidelberg: Carl Auer.

Genette, G. (1994). *Die Erzählung.* München: Fink.

Gergen, K. J. (2002). *Konstruierte Wirklichkeiten. Eine Hinführung zum sozialen Konstruktionismus.* Stuttgart: Kohlhammer.

Gomringer, E. (1995). *Vom Rand nach innen. Die Konstellationen 1951–1995.* Wien: Edition Splitter.

Göranzon, B., Karlqvist, A., Janik, A., & Obenfeldner E. (1995). *Jenseits aller Gewissheit. Die Begegnung zwischen Alan Turing und Ludwig Wittgenstein.* Innsbruck: Haymon.

Gordon, D. C. (1986). *Therapeutische Metaphern.* Paderborn: Junfermann.

Grawe, K. (1998). *Psychologische Psychotherapie.* Göttingen: Hogrefe.

Grossmann, K. (1998). Zur Theorie von Interventionen. In A. Brandl-Nebehay, B. Rauscher-Gföhler & J. Kleibel-Arbeithuber (Hrsg.), *Systemische Familientherapie: Grundlagen, Methoden und aktuelle Trends* (S. 152–169). Wien: Facultas.

Grossmann, K. (2000). *Der Fluss des Erzählens. Narrative Formen der Therapie.* Heidelberg: Carl-Auer-Systeme.

Haft, F. (2000). *Verhandlung und Mediation. Die Alternative zum Rechtsstreit.* München: C.H. Beck.

Haley, J. (1978). *Die Psychotherapie Milton H. Ericksons.* München: Pfeiffer.

Hammel, St. (2009). *Handbuch des therapeutischen Erzählens. Geschichten und Metaphern in Psychotherapie, Kinder- und Familientherapie, Heilkunde, Coaching und Supervision.* Stuttgart: Klett-Cotta.

Hoffman, L. (1996). *Therapeutische Konversationen. Von Macht und Einflussnahme zur Zusammenarbeit in der Therapie.* Dortmund: Modernes Lernen.

Hüther, G. (2001). *Bedienungsanleitung für ein menschliches Gehirn.* Göttingen: Vandenhoeck & Ruprecht.

Krapp, A., & Weidenmann B. (Hrsg.). (2001). *Pädagogische Psychologie. Ein Lehrbuch. 4., vollständig überarbeitete Auflage.* Weinheim: Beltz

Kraus, W. (1996). *Das erzählte Selbst. Die narrative Konstruktion von Identität in der Spätmoderne.* Pfaffenweiler: Centaurus.

Kripke, S. (1987). *Wittgenstein über Regeln und Privatsprache. Eine elementare Darstellung.* Frankfurt a. M.: Suhrkamp.

Kritz, J. (1997). *Systemtheorie. eine Einführung für Psychotherapeuten, Psychologen und Mediziner.* Wien: Facultas.

Laing, R., Phillipson, H., & Lee, A. (1971). *Interpersonelle Wahrnehmung.* Frankfurt a. M.: Suhrkamp.

Lakoff, G., & Johnson, M. (2007). *Leben in Metaphern. Konstruktion und Gebrauch von Sprachbildern* (5. Aufl.), Heidelberg: Carl-Auer-Systeme.

Lankton, C. H., & Lankton, St R. (1994). *Geschichten mit Zauberkraft. die Arbeit mit Metaphern in der Psychotherapie.* München: Pfeiffer.

Larro-Jacob, A. (2007). Imaginative Techniken im Coaching. *Organisationsberatung Supervision Coaching (OSC), 14*(1), 62–71.

Merz, K. (1995). *Kurze Durchsage.* Innsbruck: Haymon-Verlag.

Moldzio, A. (2004). *Das Menschenbild der systemischen Therapie. 2., korrigierte Auflage.* Heidelberg: Carl-Auer-Systeme.

Nardone, G., & Watzlawick, P. (1994). *Irrwege, Umwege und Auswege. Zur Therapie versuchter Lösungen.* Bern: Huber.

Peseschkian, N. (1979). *Der Kaufmann und der Papagei. Orientalische Geschichten in der Positiven Psychotherapie.* Frankfurt a. M.: Fischer.

Quasthoff, U. M. (1980). *Erzählen in Gesprächen. Linguistische Untersuchungen zu Strukturen und Funktionen am Beispiel einer Kommunikationsform des Alltags.* Tübingen: Narr.

Rosen, S., & Erickson, M. H. (Hrsg.). (1994). *Die Lehrgeschichten von Milton H. Erickson. 3. überarbeitete Auflage.* Salzhausen: iskopress.

Rosenhan D. (1985). Gesund in kranker Umgebung. In P. Watzlawick (Hrsg.), *Die erfundene Wirklichkeit. Wie wissen wir, was wir zu wissen glauben? Beiträge zum Konstruktivismus.* München: Piper.

Russell, B. (1970). *Autobiographie 1914–1944.* Frankfurt a. M.: Suhrkamp.

Savigny E. von (1988). *Wittgensteins "Philosophische Untersuchungen". Ein Kommentar für Leser.* Frankfurt a. M.: Vittorio Klostermann.

Schein, E. (2010). *Prozessberatung für die Organisation der Zukunft. Der Aufbau einer helfenden Beziehung.* Bergisch Gladbach: Verlag Andreas Kohlhage.

Schlippe, A. von, Schweitzer, J. (2003). *Lehrbuch der systemischen Therapie und Beratung.* Göttingen: Vandenhoeck & Ruprecht.

Schmidt, G. (2005). *Einführung in die hypnosytemische Therapie und Beratung.* Heidelberg: Carl-Auer-Systeme.

Schreyögg, A. (2004). *Supervision. Ein integratives Modell. Lehrbuch zu Theorie und Praxis. 4., überarbeitete und erweiterte Auflage.* Wiesbaden: Verlag für Sozialwissenschaften.

Spitzer, M. (2007). *Lernen. Gehirnforschung und die Schule des Lebens.* Heidelberg: Spektrum Akademischer Verlag.

Storch, M., & Krause F. (2011). *Selbstmanagement – ressourcenorientiert. Grundlagen und Trainingsmanual für die Arbeit mit dem Zürcher Ressourcenmodell (ZRM).* Bern: Verlag Hans Huber.

Thier, K. (2004). *Die Entdeckung des Narrativen für Organisationen. Entwicklung einer effizienten Story Telling-Methode.* Hamburg: Verlag Dr. Kovac.

Thomann, G. (2002). *Ausbildung der Ausbildenden. Exemplarische Materialien aus sieben Kompetenzbereichen zur Vor- und Nachbereitung von komplexen Praxissituationen.* Bern: h.e.p.-Verlag.

Trenkle, B. (2012). *Dazu fällt mir eine Geschichte ein. Direkt-indirekte Botschaften für Therapie, Beratung und über den Gartenzaun.* Heidelberg: Carl-Auer-Systeme Verlag.

Tumler, F. (2012). *Nachprüfung eines Abschieds.* Innsbruck-Wien: Haymon Verlag.

Watzlawick, P (2007) *Vom Schlechten des Guten. oder Hekates Lösungen* (4. Aufl.). München: Piper.

Watzlawick, P., & Nardone, G. (1994). *Irrwege, Umwege und Auswege. Zur Therapie versuchter Lösungen.* Bern: Hans Huber.

White, M., & Epston, D. (1998). *Die Zähmung der Monster. der narrative Ansatz in der Famlientherapie.* Heidelberg: Carl-Auer-Systeme.

Whorf, B. L. (2008). *Sprache, Denken, Wirklichkeit.* Reinbek bei Hamburg: Rowohlt.

Wittgenstein, L. (1963). *Tractatus logico-philosophicus.* Frankfurt a. M.: Suhrkamp.

Wittgenstein, L. (1984a). *Werkausgabe Bd. 3.* Frankfurt a. M.: Suhrkamp.

Wittgenstein, L. (1984b). Bemerkungen über die Philosophie der Psychologie. In: L. Wittgenstein (Hrsg.), *Werkausgabe Bd. 7*. Frankfurt a. M.: Suhrkamp.

Wittgenstein, L. (1985). Aufzeichnungen für Vorlesungen über "privates Erlebnis" und "Sinnesdaten". In J. Schulte (Hrsg.), *Wittgenstein Ludwig. Vortrag über Ethik und andere kleine Schriften*. Frankfurt a. M.: Suhrkamp.

Wittgenstein, L. (2003). *Philosophische Untersuchungen. Auf der Grundlage der Kritisch-genetischen Edition*. Frankfurt a. M.: Suhrkamp.

Wuchterl K., & Hübner A. (1979). Wittgenstein. Reinbek bei Hamburg: Rowohlt.

Zimbardo Ph., & Gerrig R. (2003). Psychologie. Berlin: Springer.

The manufacturer's authorised representative in the EU is Springer
Nature Customer Service Centre GmbH, Europaplatz 3, 69115 Heidelberg,
Germany. If you have any concerns regarding our products, please
contact ProductSafety@springernature.com

Printed and bound by CPI Group (UK) Ltd, Croydon, CR0 4YY
27/04/2026
02097614-0006